POCHETTES & ACCESSOIRES
en couture facile

pas à pas

les éditions de saxe

Sommaire

Bases de réalisation d'une pochette p. 3

Leçon 1	Gros plan : le montage d'une fermeture à glissière	Pochettes plates ▶ p. 6 Fermeture à glissière ▶ p. 8 Montage de la fermeture à glissière et finition des extrémités ▶ p. 10 Pochettes cubes ▶ p. 16 Pochette ronde ▶ p. 17 Pochette arrondie ▶ p. 18 Porte-monnaie ▶ p. 19 Étuis à lunettes ▶ p. 20
Leçon 2	Gros plan : la toile thermocollante	Pochettes carrées ▶ p. 22 Toile et molleton thermocollants ▶ p. 23
Leçon 3	Gros plan : la couture de la doublure	Pochettes zippées ▶ p. 24 Doublure ▶ p. 25 Pochettes rectangulaires ▶ p. 26 Couture de la doublure ▶ p. 28
Leçon 4	Gros plan : le choix des tissus	Pochette en canvas ▶ p. 34 Pochettes en Tyvek et en vinyle ▶ p. 35 Pochette double ▶ p. 36 Trousse de maquillage ▶ p. 37 Choix des tissus ▶ p. 38
Leçon 5	Gros plan : le montage du fermoir	Porte-monnaie plat ▶ p. 40 Fermoir ▶ p. 41 Fixation du fermoir porte-monnaie ▶ p. 42 Trousse de voyage ▶ p. 44 Pochette A5 ▶ p. 46 Porte-clés astucieux ▶ p. 47
Petits plus	Accessoires	Protège-carnet de santé ▶ p. 48 Porte-clés ▶ p. 50 Pochons ▶ p. 51 Housse pour crochets ▶ p. 52 Trousses « pyramide » ▶ p. 53 Trousse « hexagone » ▶ p. 54 Pochons « chat » ▶ p. 55

Explications p. 57

Bases de réalisation d'une pochette

Tissus conseillés

La plupart des tissus utilisés dans ce livre est présentée ici.

Oxford
Ce tissu d'une épaisseur moyenne est 100 % coton.
Il est souvent utilisé pour la réalisation d'une chemise.

Lin
C'est une toile tissée avec des fils de lin.
Il est solide et souple à la fois. Il absorbe l'humidité.

Batiste de coton
Ce tissu est fin et soyeux. Le plus connu est « Tana Lawn » de chez Liberty. Pour utiliser ce tissu pour l'extérieur de la pochette, il est nécessaire de le renforcer avec une toile thermocollante.

Canvas
Cette toile est tissée avec des fils épais et ce tissu est très solide. Pour rendre le travail plus facile, le choisir d'une épaisseur moyenne.

Tissu d'ameublement
Ce type de tissu épais est souvent utilisé pour les rideaux et les décorations d'intérieur. Le choix des motifs est immense…

Dobby
Le nom de ce tissu vient du métier à tisser.
Son aspect alvéolé crée de petits motifs.

Coton
Ce tissu est proposé dans une grande palette de couleurs et de motifs. Il peut être utilisé aussi bien pour l'extérieur que pour l'intérieur d'un ouvrage.

Cotonnade
Ce tissu est souple et légèrement brillant.

Matériel

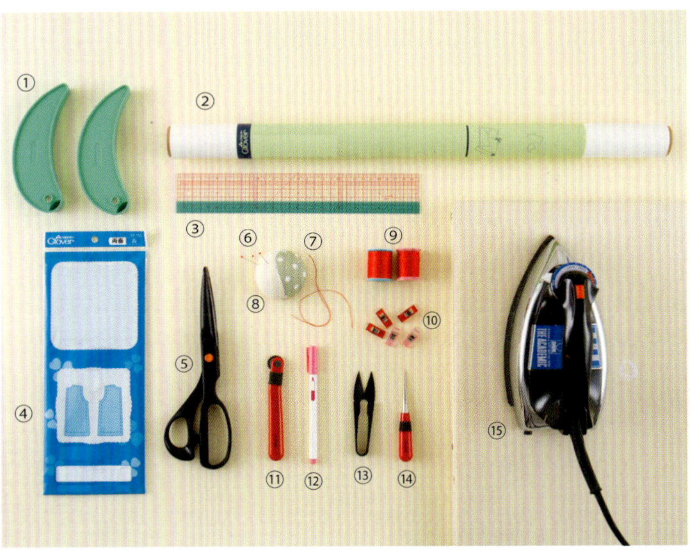

① Poids : pour maintenir le papier lors du report du gabarit.
② Papier de soie : pour reporter les patrons.
③ Règle Omnigrid : règle de 30 cm de long, très pratique.
④ Papier carbone : à insérer entre 2 épaisseurs d'un tissu pour reporter les repères.
⑤ Ciseaux de tailleur : pour couper le tissu.
⑥ Épingles : pour maintenir plus de 2 tissus.
⑦ Aiguille à coudre à la main : 1 aiguille de grosseur moyenne est conseillée.
⑧ Pique-épingles : pour poser ou ranger aiguilles et épingles en toute sécurité.
⑨ Aiguille à coudre à la machine : choisir la grosseur de l'aiguille selon l'épaisseur du tissu.
⑩ Pinces : pour les tissus sur lesquels les trous de l'aiguille sont visibles.
⑪ Roulette à patron : pour marquer les repères.
⑫ Marqueur effaçable : pour marquer les repères.
⑬ Coupe-fil : pour couper le fil facilement.
⑭ Poinçon : pour mettre les angles en forme.
⑮ Fer à repasser et table à repasser : pour plier les marges et défroisser les tissus.

Utilisation des gabarits

Réaliser les gabarits et couper le tissu.

Report des gabarits

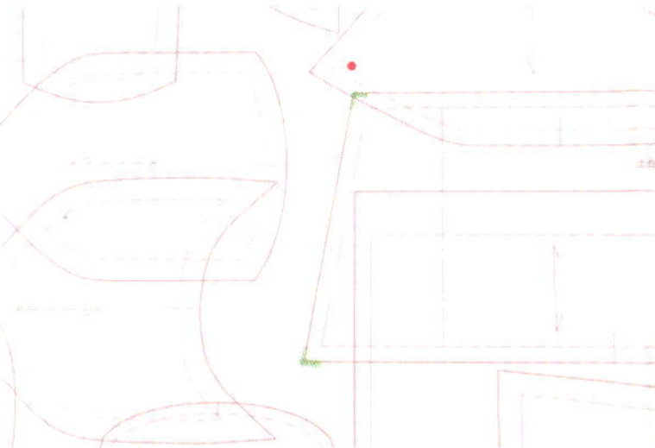

Surligner les gabarits à reporter à l'aide d'un marqueur effaçable.

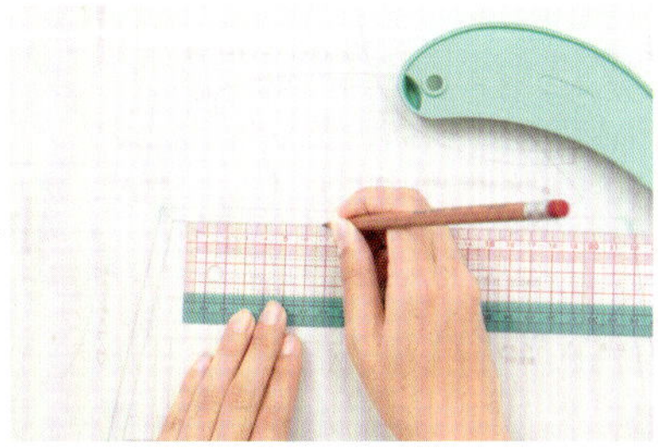

Poser du papier de soie sur le gabarit de l'encart. Reporter le gabarit et les repères. Noter également le nom de la pièce.

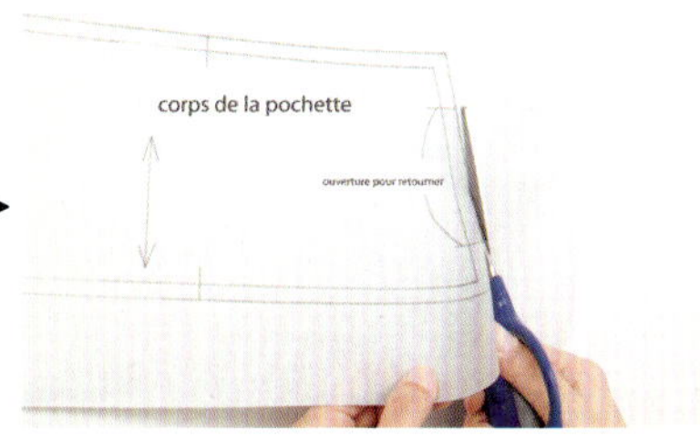

Couper le gabarit.

Coupe du tissu

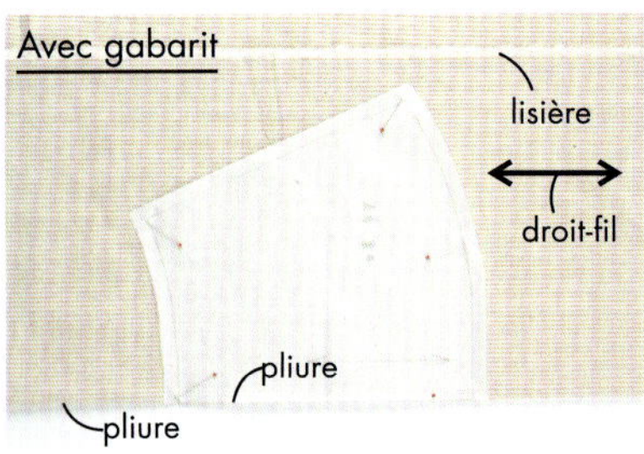

Poser le gabarit sur le tissu en respectant le droit-fil. Épingler, puis couper le tissu. Le droit-fil correspond aux fils parallèles aux lisières du tissu.
S'il y a une indication « pliure » sur un bord, faire coïncider ce bord à la pliure du tissu.

Certaines pièces rectangulaires n'ont pas de gabarit en taille réelle. Tracer directement ces pièces sur le tissu.

Point clé

Raccord des motifs

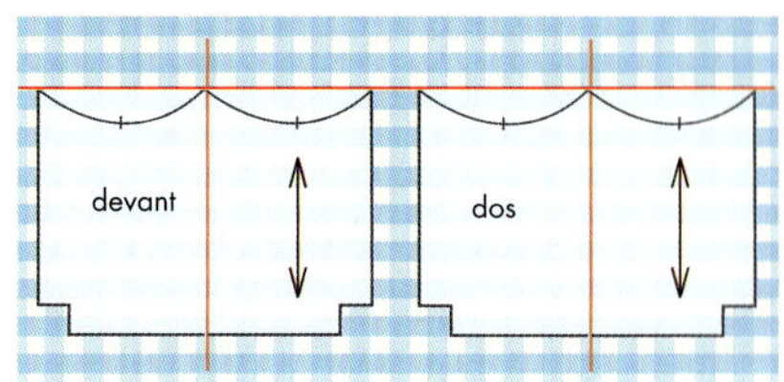

Il est préférable de réaliser un raccord des motifs à carreaux et à rayures pour obtenir une jolie finition. Disposer le milieu du devant et du dos sur le même motif. Disposer également l'ouverture de la pochette sur le même motif.

Ajout des repères

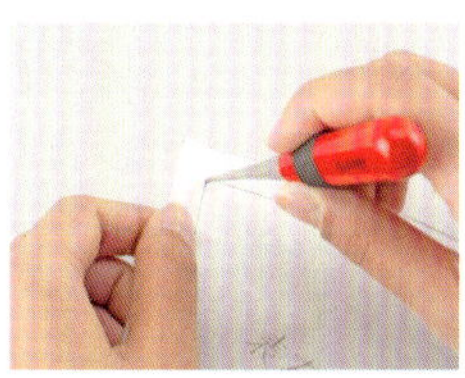

Percer un trou sur la ligne de couture du gabarit, puis le poser sur le tissu. Marquer les repères, puis relier les points.

Insérer du papier carbone entre les 2 épaisseurs du tissu plié en 2, envers contre envers. Marquer les repères à l'aide d'une roulette à patron.

Superposition des tissus

Ces deux termes sont fréquemment utilisés.

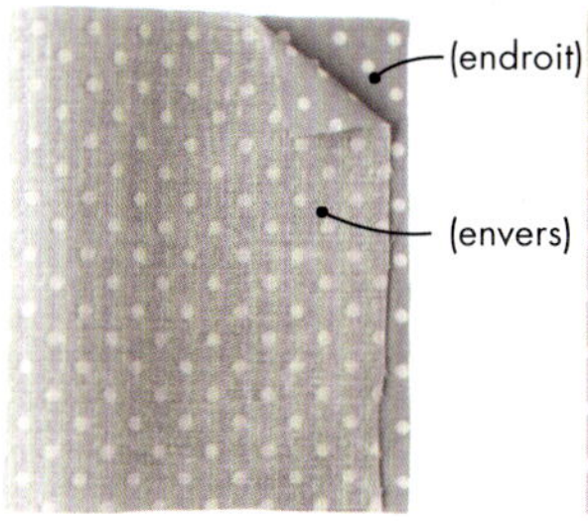

Endroit contre endroit

Superposer 2 tissus en posant l'endroit de l'un sur l'endroit de l'autre.

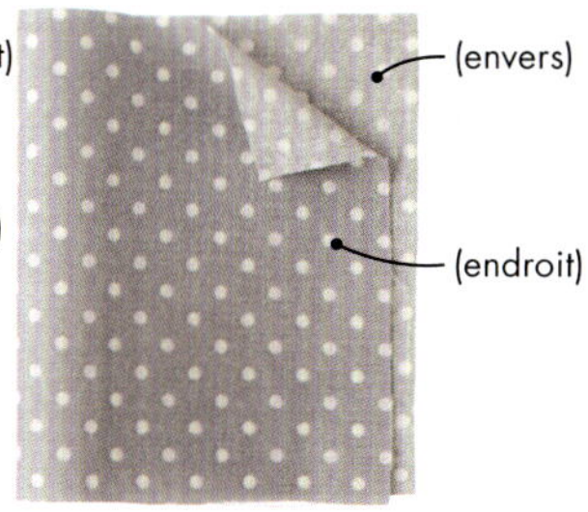

Envers contre envers

Superposer 2 tissus en posant l'envers de l'un sur l'envers de l'autre.

Épingler

Il est important d'épingler les tissus pour éviter tout décalage.

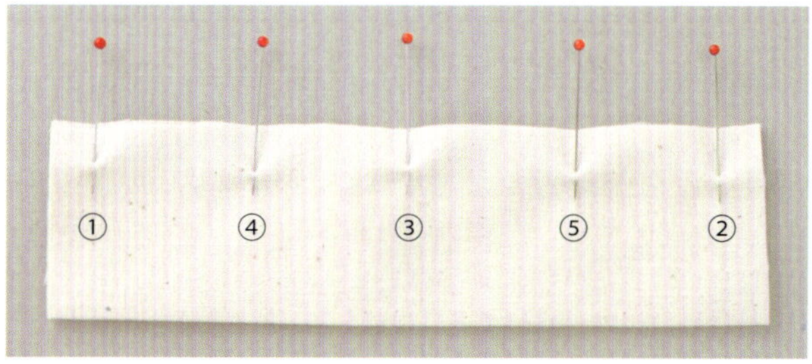

Épingler les extrémités (① et ②).

▼

Épingler le milieu (③). S'il y a des repères, les épingler également.

▼

Épingler entre les épingles (④ et ⑤).

Choix du fil et de l'aiguille

Il faut choisir le fil et l'aiguille adaptés au tissu.

Tissu	Fil	Aiguille
Épaisseur moyenne lin, coton, cotonnade, etc.	 n° 60	 n° 80
Épais canvas, jean, simili cuir, etc.	 n° 30	 n° 100

Finition des marges

Repasser après chaque couture pour obtenir une jolie finition.

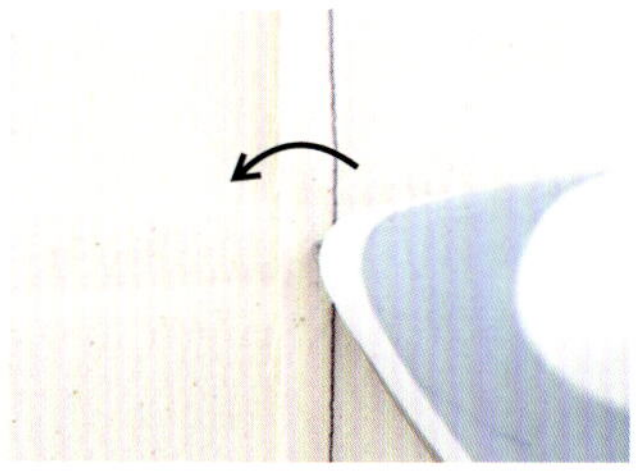

Rabattre les marges

Après la couture, rabattre les marges sur un côté.

Ouvrir la couture

Repasser sur la couture pour l'ouvrir.

Finition des bords

Il est important de réaliser la finition des bords pour éviter l'effilochage.

Pliage en 3

Plier 2 fois le bord, puis piquer pour cacher le bord du tissu.

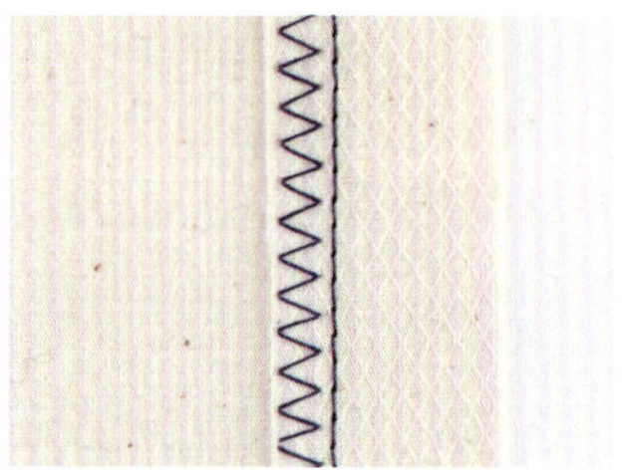

Pliage en 2

Surfiler le bord ou coudre au point zigzag pour éviter l'effilochage. Plier le bord, puis piquer.

Leçon 1

Gros plan : le montage d'une fermeture à glissière

Apprenez d'abord le montage d'une fermeture à glissière,
c'est une technique indispensable à la confection des pochettes.

A

B

C

D

E

Pochettes plates

La finition des extrémités de la fermeture à glissière peut poser des problèmes
pour certaines d'entre vous. 5 finitions sont expliquées ici pour ces 5 pochettes plates.

Explications : p. 58 (A, B), p. 59 (C, D), p. 60 (E)
Pas à pas : p. 10
Création et réalisation : dekobo Kobo (Yoko Kubodera)

A Plier en triangle

En pliant les extrémités en triangle, les angles de la pochette sont nets.

B Plier à angle droit

En pliant les extrémités à angle droit, le ruban de la fermeture à glissière ne chevauche pas la marge du côté. Les angles de la pochette sont nets.

C Insérer à l'intérieur

Cette technique est adaptée à une fermeture à glissière souple. La finition est proche de celle du modèle A.

D Recouvrir

Recouvrir les extrémités de la fermeture à glissière avec des bandes de tissu.
Cette technique peut être également utilisée pour ajouter une longueur à la fermeture à glissière afin de s'ajuster à l'ouverture de la pochette.

E Laisser dépasser

Coudre les extrémités de la fermeture à glissière en biais et les recouvrir de bandes de tissu.
Cette technique est souvent combinée aux ouvertures dotées d'armatures métalliques.

Différentes sortes de fermetures à glissière

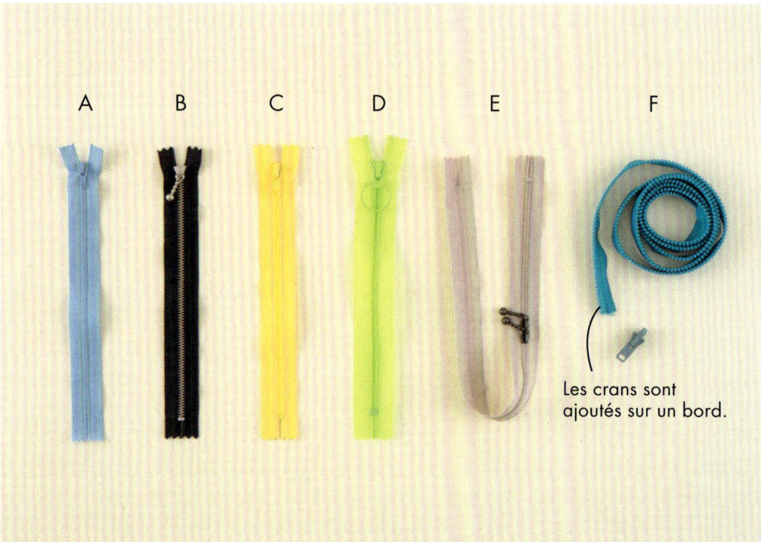

A Fermeture à glissière en plastique
Cette fermeture est la plus répandue.
Elle est fine et souple.

B Fermeture à glissière métallique
Les crans sont en métal, ce type de fermeture est donc solide.

C Fermeture à glissière Vislon®
Les crans sont grands et en plastique.
Elle est plus légère qu'une fermeture métallique.

D Fermeture à glissière transparente
Les supports sont en nylon et transparents, les crans sont en plastique.

E Fermeture à glissière dos à dos
Cette fermeture possède deux curseurs.

F Fermeture à glissière « Freestyle »
Cette fermeture est présentée en ruban.
Il n'y a ni haut, ni bas.
※ Cette fermeture est remplacée par une fermeture à glissière standard dans les explications.

Composition d'une fermeture à glissière

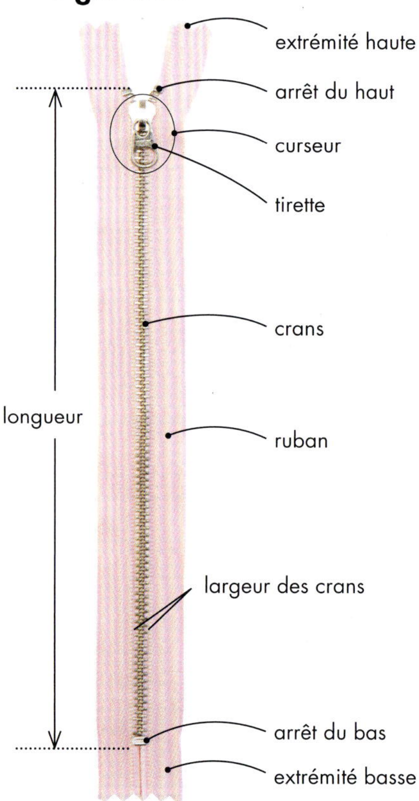

Tirette

Il existe plusieurs types de tirettes : tirette standard, grande tirette, tirette à billes, tirette à anneau, etc. Plus la tirette est longue, plus elle est facile à manipuler.

Points clés

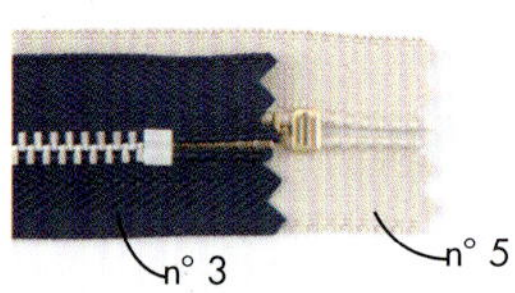

Largeur des crans
Certaines fermetures à glissière sont indiquées par un numéro. Plus le numéro est grand, plus la largeur des crans est importante. Ajuster la largeur de la pièce du côté à celle de la fermeture à glissière pour obtenir la même épaisseur de la pochette tout le tour.

Couture
Il est nécessaire de laisser un espace pour le mouvement du curseur. Ne pas coudre au ras des crans pour éviter de coincer le curseur.

Utilisation de la fermeture à glissière « Freestyle »

① Insérer les crans sur le haut du curseur.

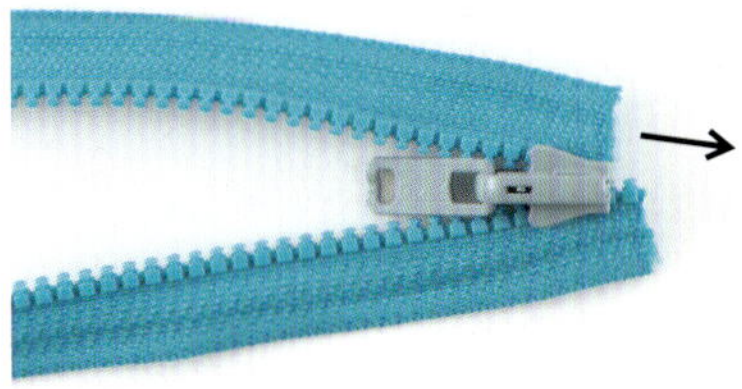

② Insérer l'autre cran sur l'autre côté du curseur.

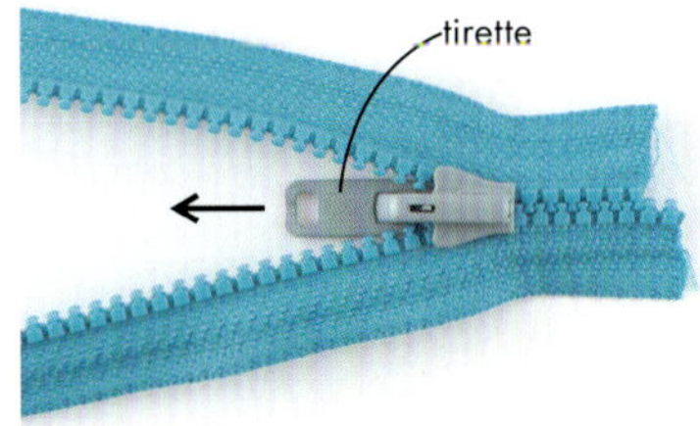

③ Remonter le curseur pour faire coïncider les crans.

Ajustement de la longueur

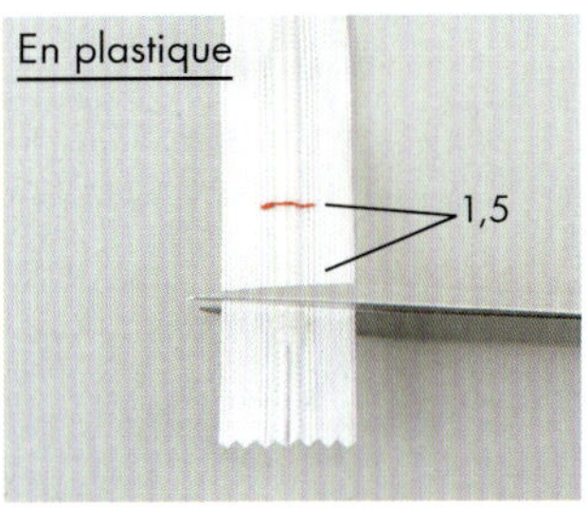

Faire quelques points sur la longueur nécessaire de la fermeture à glissière. Couper le surplus à environ 1,5 cm de la couture.

En métal

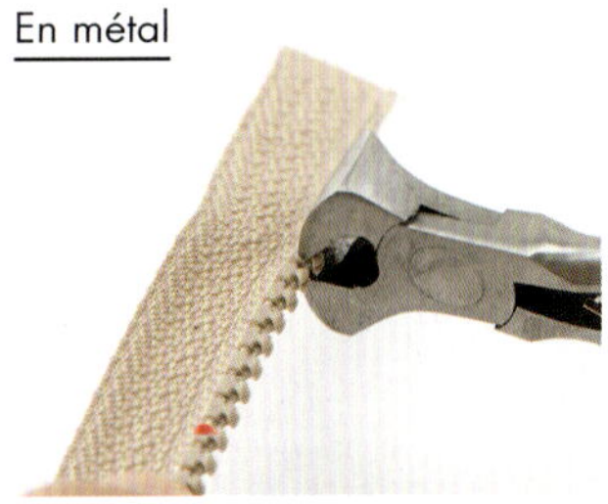

① Enlever l'arrêt du haut, puis les crans pour obtenir la longueur nécessaire.

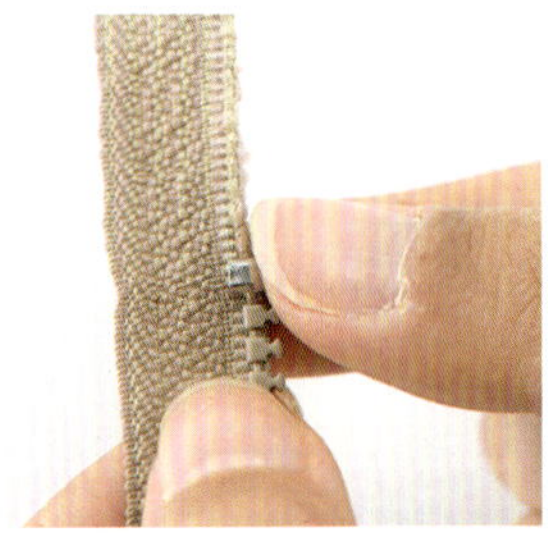

② Insérer le ruban dans l'arrêt du haut. Ne pas laisser d'espace entre l'arrêt et le dernier cran.

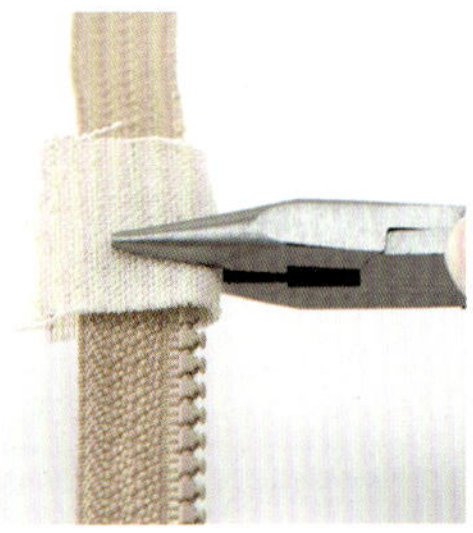

③ Fixer à l'aide d'une pince.
※ L'arrêt du haut ne peut pas être réutilisé pour certaines fermeture à glissière. Préparer, dans ce cas, un autre arrêt.

Couture de la fermeture à glissière

Un côté du pied-de-biche est ouvert pour qu'il ne touche pas les crans.

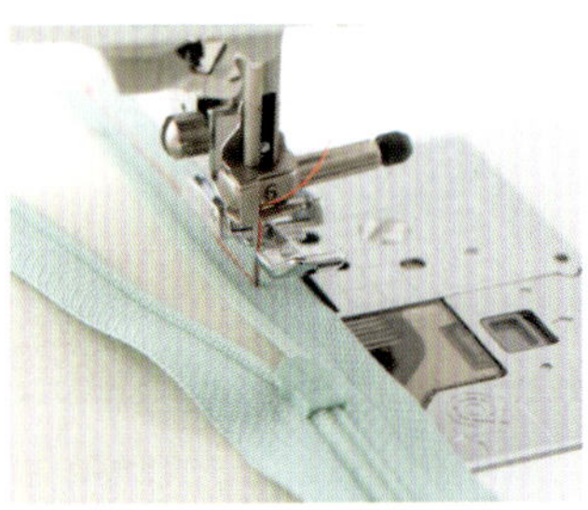

① Ouvrir la fermeture à glissière de moitié. Arrêter de coudre avant le curseur. Laisser l'aiguille piquée dans le ruban, puis relever le pied-de-biche.

② Déplacer le curseur derrière le pied-de-biche.

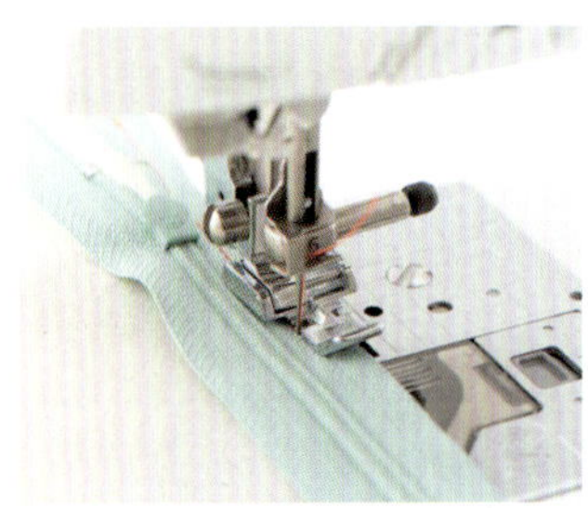

③ Baisser le pied-de-biche et continuer à coudre.

Montage de la fermeture à glissière et finition des extrémités

A Plier en triangle. Pas à pas

※ Voir p. 58 pour les fournitures, les plans de coupe et les dimensions.
※ Un fil de couleur contrastante est utilisé ici pour une meilleure visibilité.

1 Réaliser la finition des extrémités.

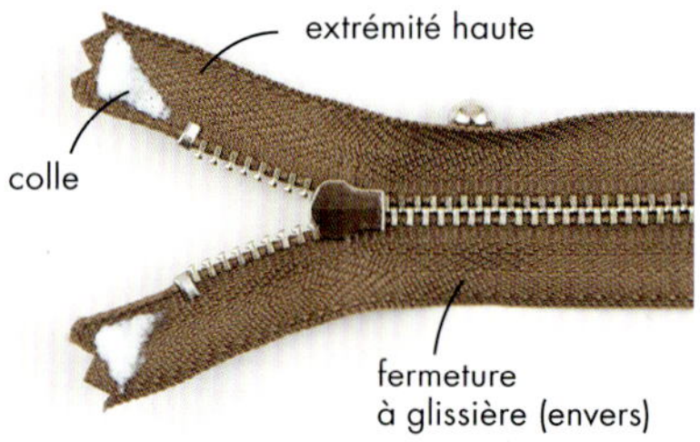

① Appliquer de la colle en triangle sur l'extrémité haute de la fermeture à glissière.

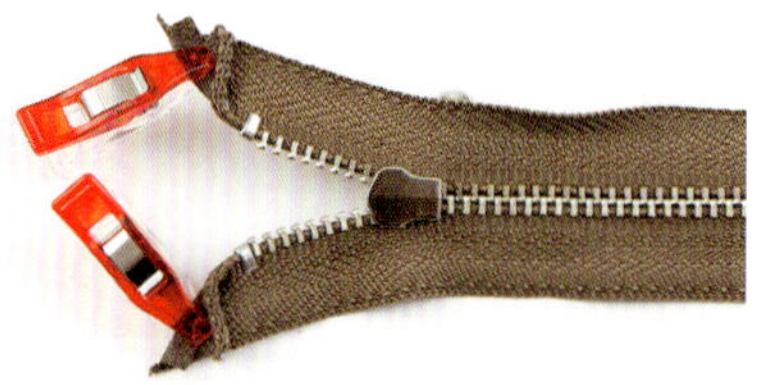

② Plier les rubans en triangle et les maintenir avec des pinces jusqu'au séchage complet.

③ Coller les extrémités basse de la même manière.

2 Bâtir la fermeture à glissière.

① Faire coïncider les milieux de la fermeture à glissière et du corps de la pochette, endroit contre endroit.

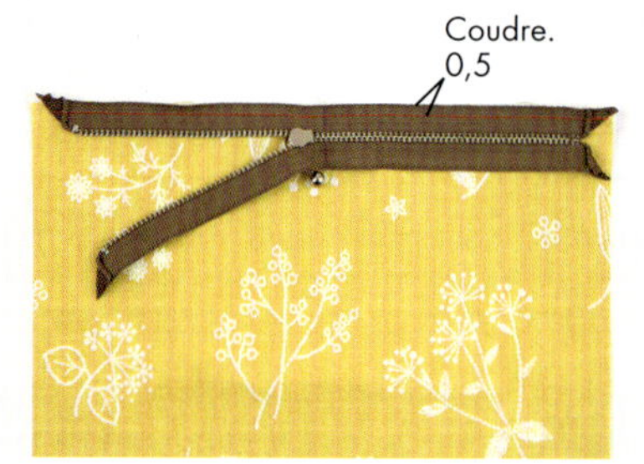

② Coudre pour bâtir.

Point clé

Déplacer le curseur.

① Arrêter de coudre avant le curseur.

② Laisser l'aiguille piquée dans le ruban et relever le pied-de-biche.

③ Déplacer le curseur derrière le pied-de-biche.

④ Baisser le pied-de-biche, puis continuer à coudre.

3 Coudre la doublure.

① Superposer le corps de la pochette et la doublure, endroit contre endroit. Épingler.

② Coudre.

Comme lors du bâti, arrêter la couture avant le curseur pour éviter qu'il ne gêne le pied-de-biche. Écarter la doublure et déplacer le curseur.

③ Rabattre les marges vers le corps de la pochette.

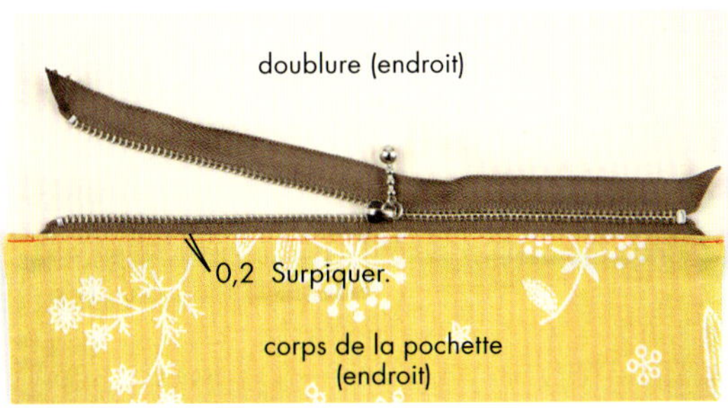

④ Surpiquer l'ouverture de la pochette.

4 Coudre l'autre bord de la fermeture à glissière.

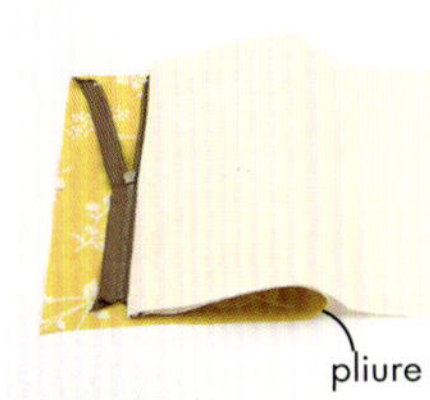

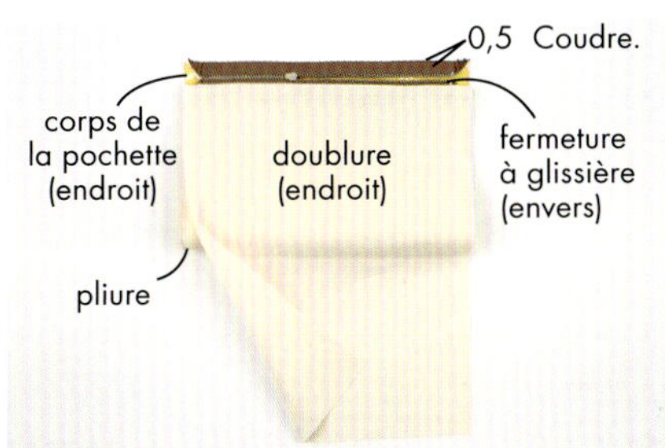

① Plier le corps de la pochette en 2, endroit contre endroit. Bâtir la fermeture à glissière et le corps de la pochette, endroit contre endroit.

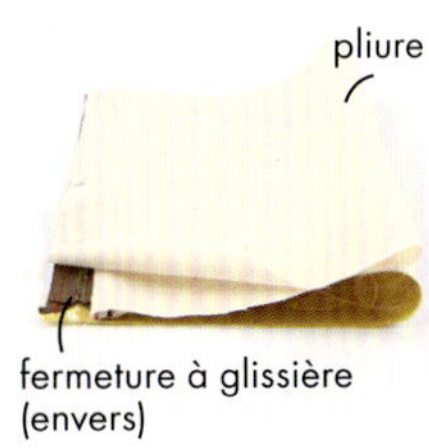

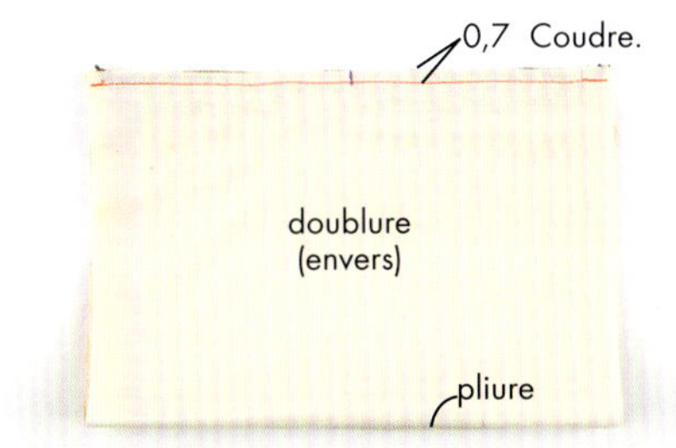

② Plier la doublure en 2, endroit contre endroit. Aligner les bords de la fermeture à glissière et de la doublure, puis piquer.

③ Retourner sur l'endroit.

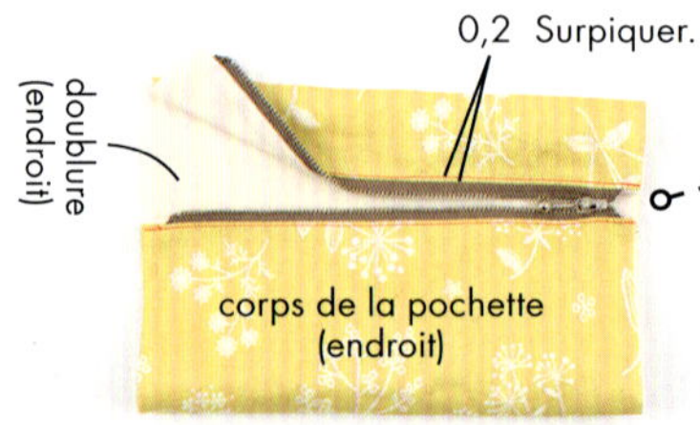

④ Rabattre les marges de l'étape ②
vers le corps de la pochette,
puis surpiquer.

Surpiquer à partir du haut
de la fermeture à glissière,
sans piquer dans la doublure.

5 Coudre les côtés.

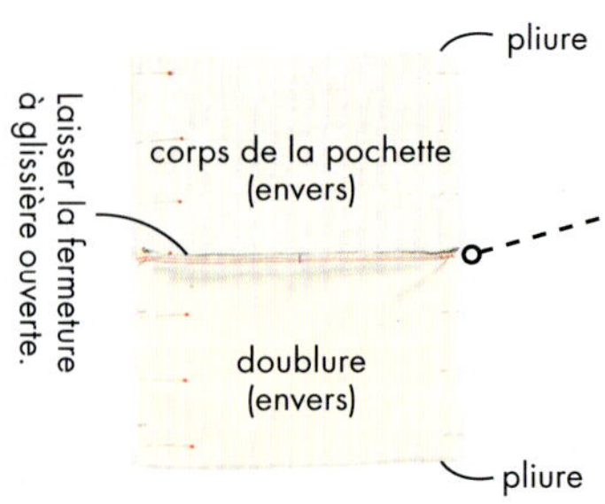

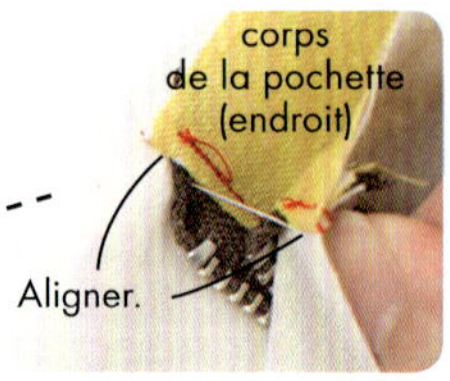

Faire coïncider
l'ouverture
de la pochette.

① Retourner la pochette sur l'envers.
Laisser la fermeture à glissière ouverte
et la disposer au milieu. Épingler les côtés.

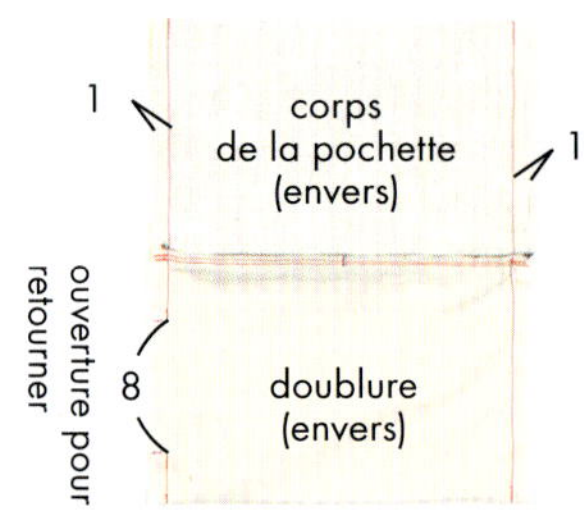

② Coudre les côtés en laissant
une ouverture pour retourner
sur la doublure.

6 Retourner sur l'endroit.

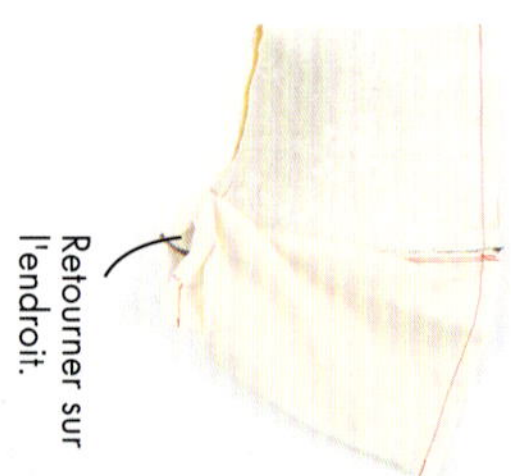

① Retourner la pochette sur l'endroit.

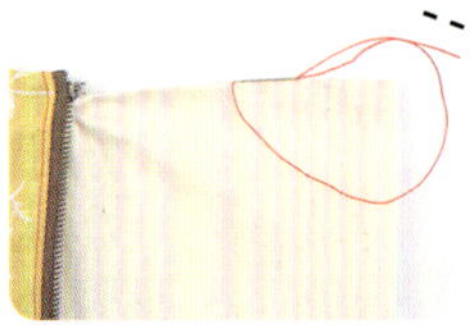

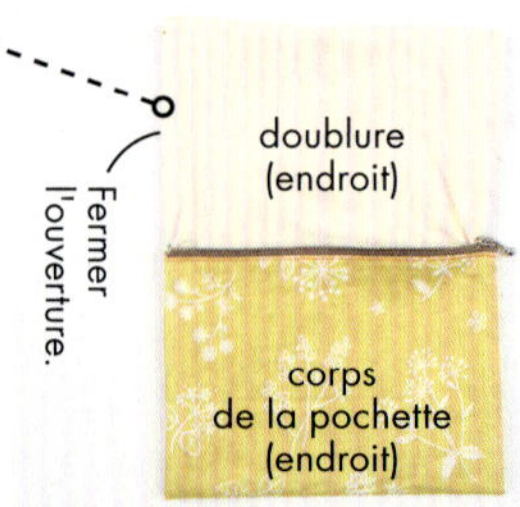

② Fermer l'ouverture par
une couture invisible
(voir p. 57). Insérer la doublure
dans la pochette.

Pochette terminée

Finition des extrémités de la fermeture à glissière

B Plier à angle droit. Point clé

※ Voir p. 58 pour les fournitures, les dimensions et les plans de coupe.

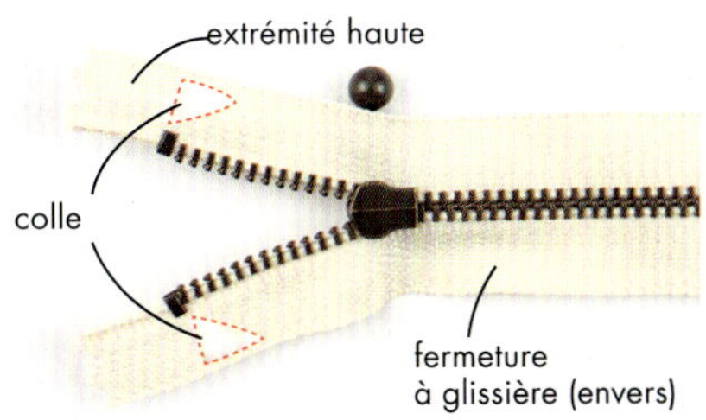

① Appliquer de la colle en triangle sur l'extrémité haute de la fermeture à glissière.

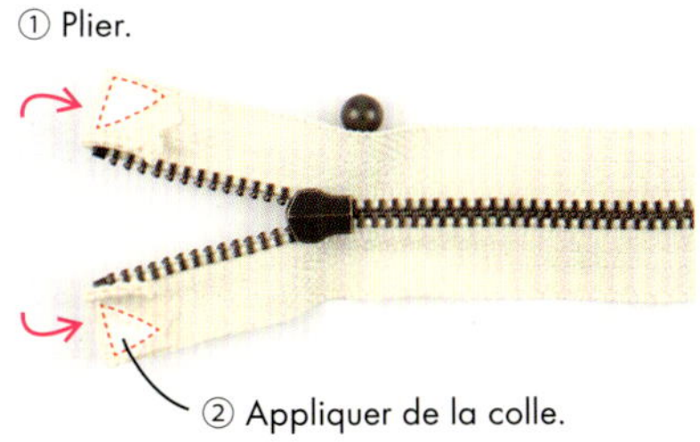

② Plier les rubans sur la position de l'arrêt du haut. Appliquer de la colle en triangle sur les parties pliées.

③ Replier les rubans. Les extrémités sont ainsi pliées à angle droit. Plier les rubans du bas de la même manière.

C Insérer à l'intérieur. Point clé

※ Voir p. 59 pour les fournitures, les dimensions et les plans de coupe.

① Superposer le corps de la pochette et la fermeture à glissière, endroit contre endroit, en alignant l'extrémité basse de la fermeture à glissière et le côté. Laisser 1,5 cm sur l'extrémité haute, puis bâtir.

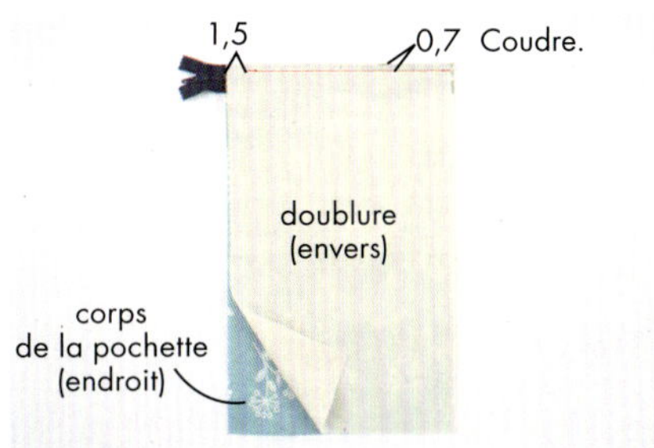

② Superposer le corps de la pochette et la doublure, endroit contre endroit, puis piquer en laissant 1,5 cm sur l'extrémité haute.

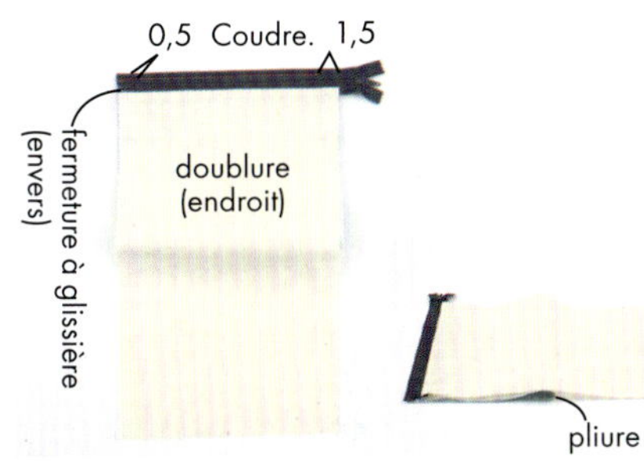

③ Plier le corps de la pochette en 2, endroit contre endroit. Bâtir la fermeture à glissière et le corps de la pochette, endroit contre endroit, en laissant 1,5 cm vers le haut.

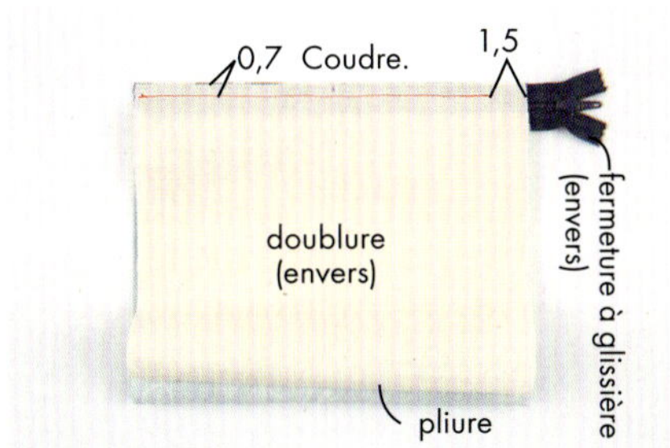

④ Plier la doublure en 2, endroit contre endroit. Aligner les bords de la fermeture à glissière et de la doublure, puis piquer. Laisser 1,5 cm vers le haut.

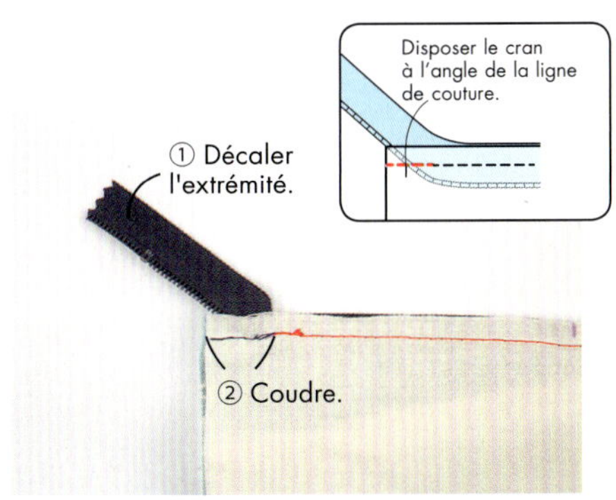

⑤ Ouvrir la fermeture à glissière. Décaler l'extrémité de la fermeture à glissière pour que les crans ne chevauchent pas la ligne de couture du côté, puis piquer la partie restante. Coudre l'autre côté de la même manière.

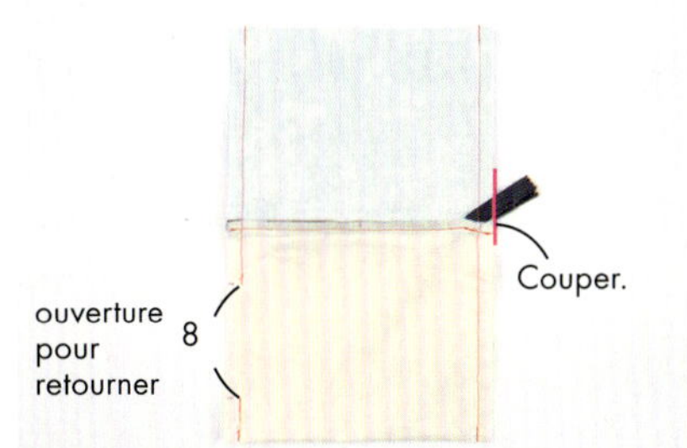

⑥ Couper le surplus de la fermeture à glissière après la couture des côtés.

Finition des extrémités de la fermeture à glissière

D Recouvrir. Point clé

※ Voir p. 59 pour les fournitures, les dimensions et les plans de coupe.

① Plier les marges de la bande.

② Plier la bande en 2, envers contre envers.

③ Faire quelques points en haut de la fermeture à glissière pour maintenir les rubans.

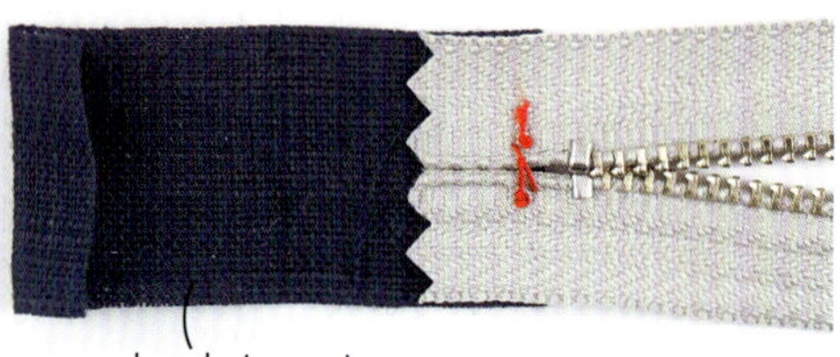

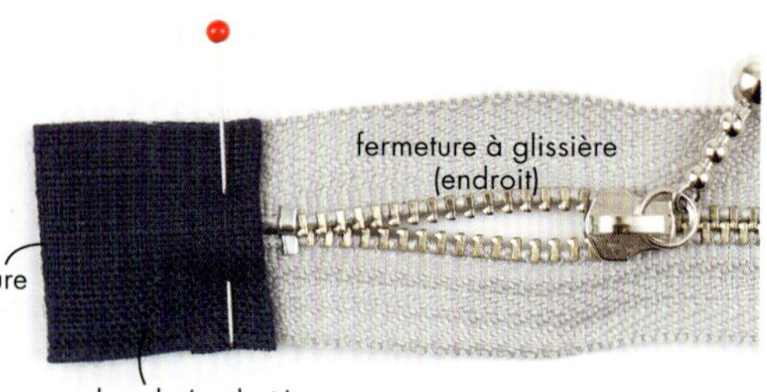

④ Recouvrir l'extrémité de la fermeture avec la bande, puis épingler.

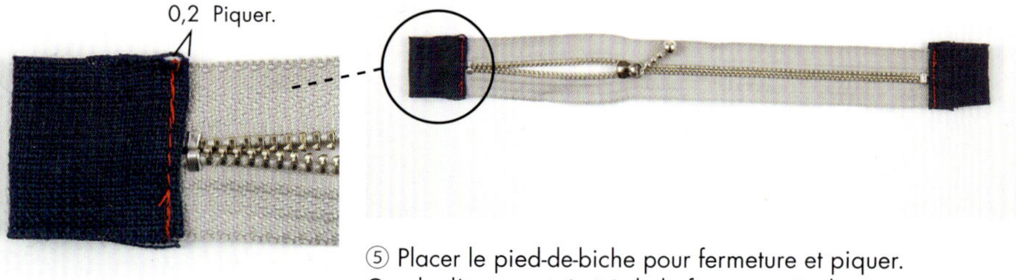

⑤ Placer le pied-de-biche pour fermeture et piquer. Coudre l'autre extrémité de la fermeture à glissière de la même manière.

E Laisser dépasser. Point clé

※ Voir p. 60 pour les fournitures, les dimensions et les plans de coupe.

① Faire coïncider les milieux de la fermeture à glissière et du corps de la pochette, endroit contre endroit. Laisser 5 cm de chaque côté et bâtir.

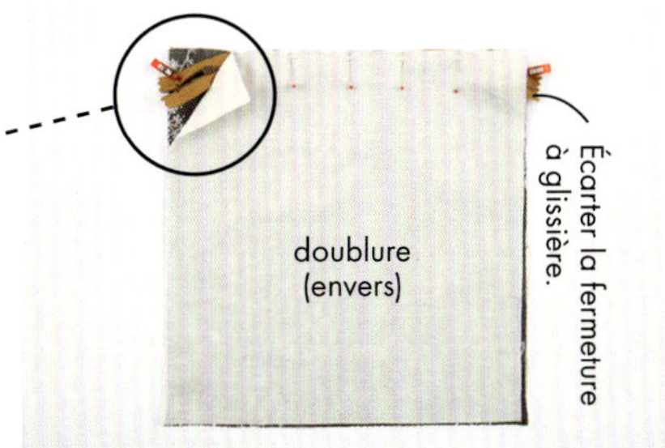

② Écarter les extrémités de la fermeture à glissière vers l'intérieur et les maintenir avec des pinces. Superposer le corps de la pochette et la doublure, endroit contre endroit.

③ Coudre.

Les extrémité de la fermeture à glissière ne sont pas cousues.

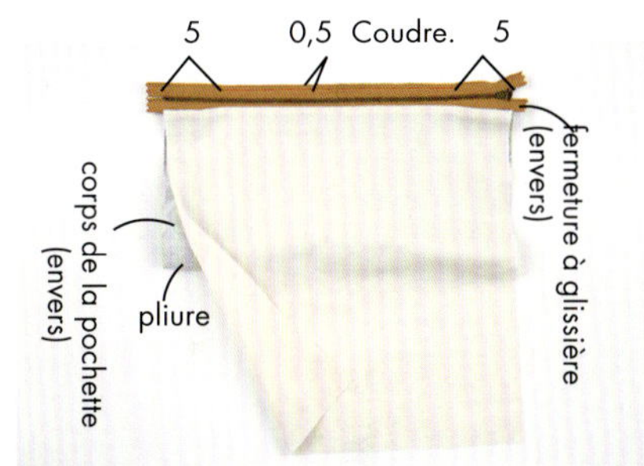

④ Plier le corps de la pochette en 2, endroit contre endroit. Laisser 5 cm de chaque côté et bâtir.

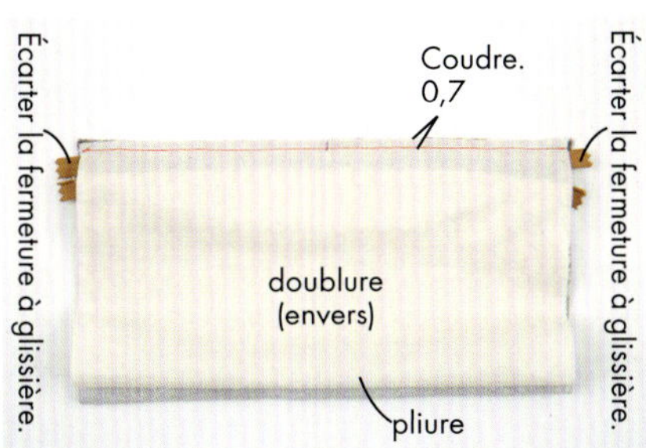

⑤ Écarter les extrémité de la fermeture à glissière comme à l'étape ②. Plier la doublure en 2, endroit contre endroit, puis coudre la fermeture à glissière.

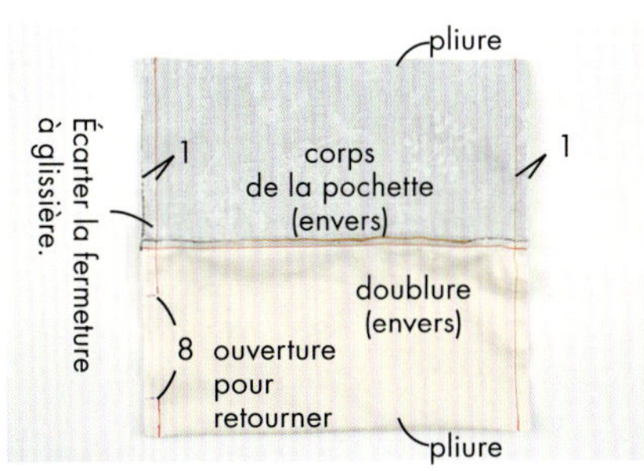

⑥ Rabattre les marges vers le corps de la pochette. Disposer l'ouverture de la pochette au milieu, puis coudre les côtés. Attention à ne pas piquer les extrémités de la fermeture à glissière.

⑦ Les extrémités de la fermeture à glissière dépassent de la pochette.

Pochettes cubes

Montage droit d'une fermeture à glissière

La forme rappelle le joli emballage d'un bonbon au caramel.
Cousez la fermeture à glissière en ligne droite
sans vous soucier de la finition de leurs extrémités.

Explications : p. 61
Création et réalisation : sewsew (Mari Shinguu)

Pochette ronde

Montage avec une pièce ouverture/fond

Réalisez une bande avec la fermeture à glissière
et assemblez-la au corps de la pochette.

Explications : p. 62
Création et réalisation : mini-poche (Ari Yoneta)

Pochette arrondie

Montage d'une fermeture à glissière en courbe

Montez la fermeture à glissière en suivant la forme
de l'ouverture de la pochette.
Une fermeture à glissière souple est conseillée pour ce modèle.

Explications : p. 63
Création et réalisation : komihinata (Mioko Sugino)

Porte-monnaie

Largeur de la fermeture à glissière = épaisseur de la pochette

L'épaisseur de la pochette correspond à la largeur de la fermeture à glissière.
Il est important de bâtir la fermeture à glissière pour coudre en courbe.

Explications : p. 66
Création et réalisation : mini-poche (Ari Yoneta)

Étuis à lunettes
Avec ou sans anse

Une fermeture à glissière « Freestyle » est utilisée pour ces deux modèles. S'il est difficile de vous procurer cette fermeture, remplacez-la par une fermeture à glissière classique et cousez-la tout le tour de l'étui.

Explications : p. 64
Création et réalisation : sewsew (Mari Shinguu)

Ouvert, vous pouvez utiliser cet étui comme vide-poche.

L'anse est amovible grâce au bouton-pression. Fixez-les sur l'anse de votre sac pour avoir vos lunettes toujours à portée de main.

Leçon 2

Gros plan : la toile thermocollante

Le choix de la toile thermocollante contribue à l'aspect de votre ouvrage. Choisissez-la selon l'ouvrage que vous souhaitez réaliser.

A
Sans toile thermocollante

B
Avec toile thermocollante

C
Avec molleton thermocollant

Pochettes carrées

Avec ou sans toile/molleton thermocollant(e)

Sans toile thermocollante, la pochette reste souple.
Elle est plus ferme avec une toile thermocollante et très moelleuse avec un molleton thermocollant.

Explications : p. 67
Création et réalisation : dekobo Kobo (Yoko Kubodera)

Toile et molleton thermocollants

De quoi s'agit-il ?

La toile thermocollante se fixe sur l'envers du tissu à l'aide d'un fer à repasser.
Elle rigidifie le tissu et permet de maintenir sa forme. Les différentes épaisseurs existantes donnent un effet spécifique à chaque ouvrage.

Toiles thermocollantes conseillées

Tissé
Cette toile thermocollante conserve l'allure du tissu. Respecter le droit-fil lors de la fixation.

Intissé
Cette toile thermocollante est composée de fibres entrelacées. Il n'y a pas de droit-fil et elle apporte une belle fermeté à l'ouvrage.

Molleton thermocollant
Une couche de colle est enduite sur le molleton et rend l'ouvrage moelleux. Il existe en version une face et en double-face. Le premier est utilisé dans les ouvrages de ce livre.

Point clé

[**Outil pratique**]

Nettoyage du fer à repasser
Suite à plusieurs opérations de fixation d'une toile thermocollante, la colle peut se fixer sur la semelle du fer à repasser. La nettoyer régulièrement pour éviter de salir le tissu.

Fixation de la toile thermocollante

Base

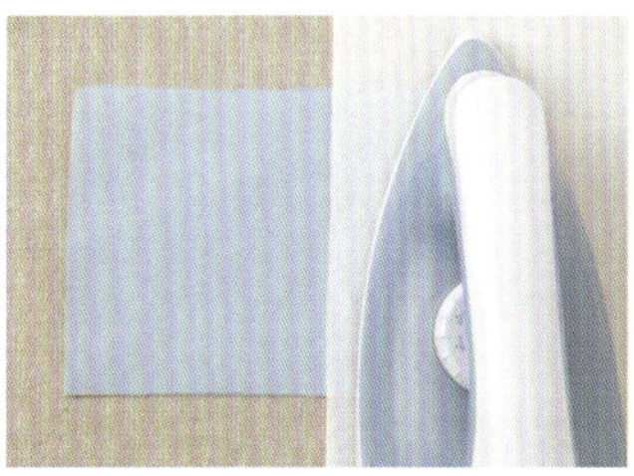

Poser la face collante de la toile thermocollante sur l'envers du tissu. Poser une pattemouille et presser le fer sans le faire glisser.

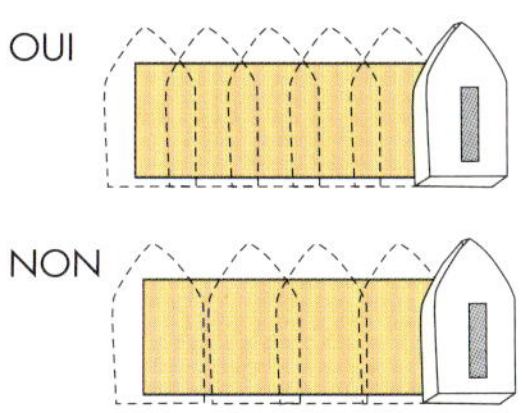

Presser le fer sur toute la surface. Si un espace subsiste, la partie en question ne sera pas collée et déformera l'ouvrage.

Thermocoller toute la surface

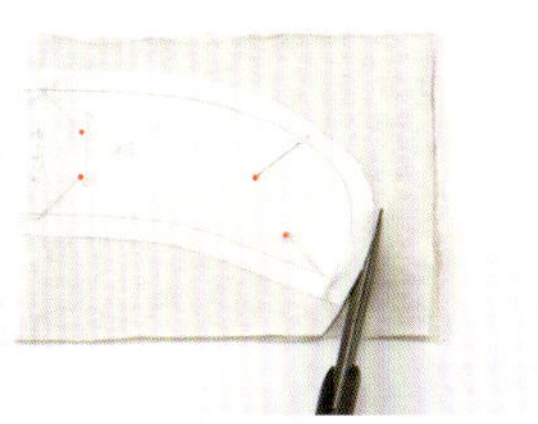

Couper le tissu plus grand que la surface de l'ouvrage. Thermocoller l'envers du tissu, puis couper la pièce à l'aide d'un gabarit.

Thermocoller une partie de la pièce

Couper la toile thermocollante à l'aide d'un gabarit. Thermocoller la pièce coupée.

Leçon 3

Gros plan : la couture de la doublure

La doublure consolide la pochette et protège son intérieur.
Choisissez librement l'une des 2 techniques présentées dans ce chapitre.

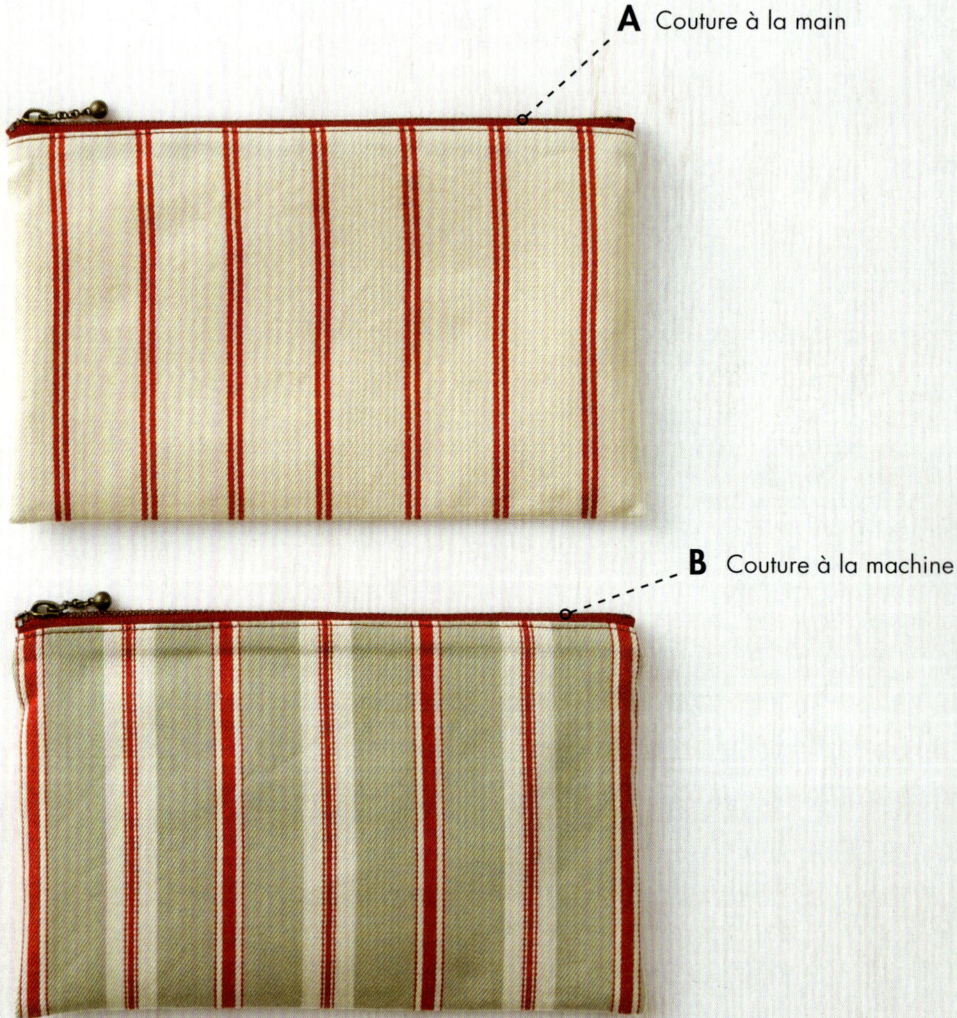

Pochettes zippées

En couture à la main ou à la machine

L'apparence est identique pour ces deux pochettes mais la doublure de l'une est cousue à la main et l'autre à la machine.

Explications : p. 68 (A), p. 69 (B)
Création et réalisation : dekobo Kobo (Yoko Kubodera)

Couture de la doublure

A Couture à la main

Réaliser séparément la pochette et la doublure. Superposer les 2 pièces, puis assembler l'ouverture de la pochette à la main. Cette technique nécessite plus de temps que la couture à la machine mais elle peut s'adapter à toutes sortes de pochettes.

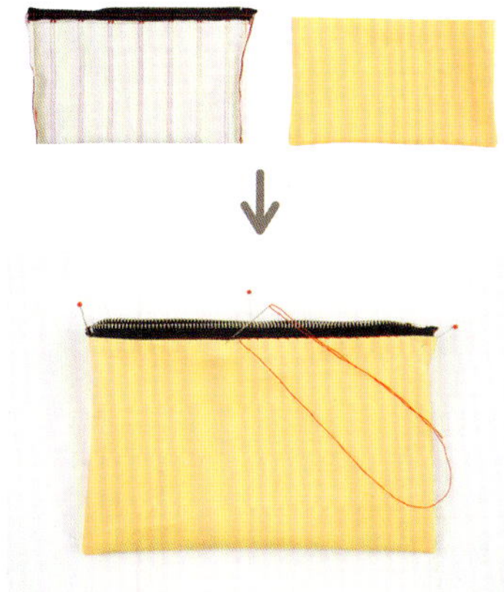

B Couture à la machine

Coudre tout d'abord la pochette et la doublure en insérant la fermeture à glissière. De cette manière, cette technique est rapide d'exécution et la finition très soignée (voir p. 10 à 12 pour les détails).

Tissus conseillés

Choisissez un tissu plus fin que le corps de la pochette. Si le tissu est plus épais que celui de l'extérieur, les angles de la doublure seront visibles sur l'endroit. Il est aussi possible de thermocoller le corps de la pochette pour ajuster l'épaisseur du tissu.

Coton fin ou d'épaisseur moyenne
Des tissus de coton comme la batiste de coton et la cotonnade sont faciles à coudre et existent en plusieurs couleurs et motifs.

Nylon, polyester
Un taffetas de nylon ou de polyester est solide et protège des taches.

Pochettes rectangulaires

Autre option pour la couture de la doublure

Ces deux modèles sont réalisés avec les mêmes gabarits. Les marges du modèle de gauche sont recouvertes d'un biais, le modèle de droite est réalisé en assemblant la pochette et la doublure, endroit contre endroit.

Explications : p. 70 (A), p. 71 (B)
Leçons : p. 28 (A), p. 31 (B)
Création et réalisation : Fukuno katachi design (Keiko Okada)

A Finition en biais

B Assemblage endroit contre endroit

A

Focus

Chaque pièce est doublée, puis assemblée. Les marges sont ensuite recouvertes d'un biais. Cette technique est conseillée pour les débutantes.

B

Focus

Les marges sont insérées entre la pochette et la doublure. La finition est donc plus soignée que la technique précédente. La couture est un peu plus difficile lors de l'assemblage du corps de la pochette et de la pièce côtés/fond. Procédez avec minutie.

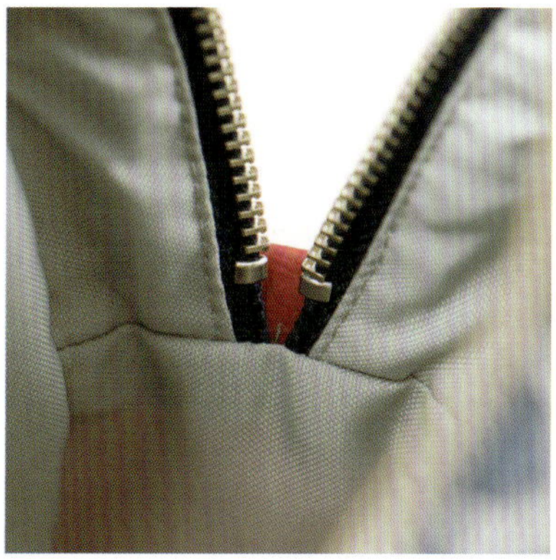

Couture de la doublure

A Recouvrir les marges avec un biais. Point clé

※ Voir p. 70 pour les fournitures, les dimensions et les explications.
※ Des tissus et des fils différents sont utilisés ici pour une meilleure visibilité.

1 Réaliser l'ouverture de la pochette.

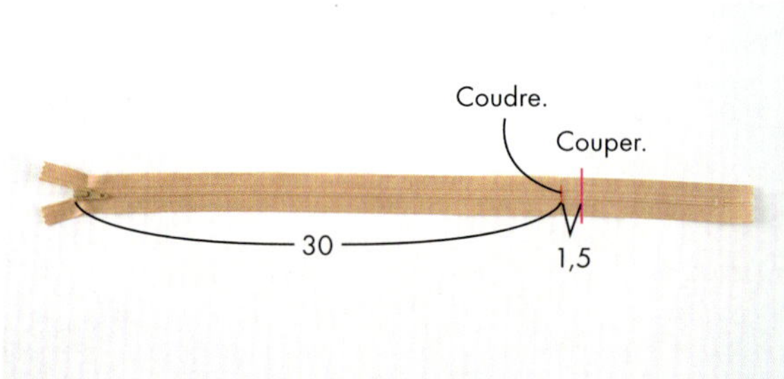

① Préparer la fermeture à glissière.

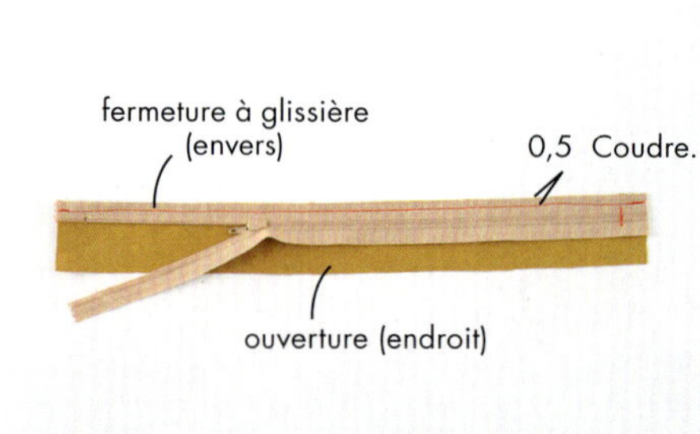

② Superposer la pièce de l'ouverture et la fermeture à glissière, endroit contre endroit, puis bâtir.

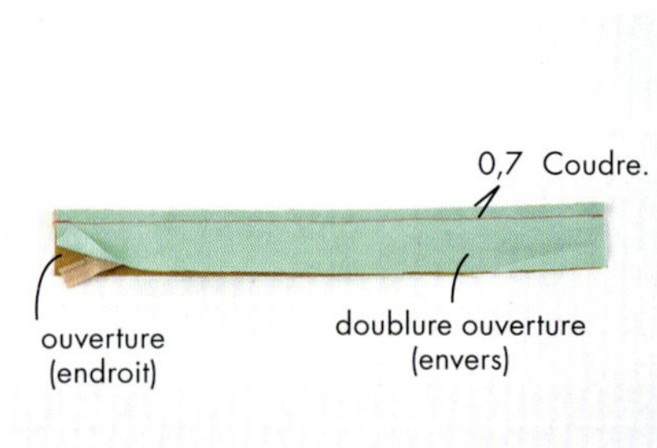

③ Superposer la pièce de l'ouverture et la doublure, endroit contre endroit, puis coudre.

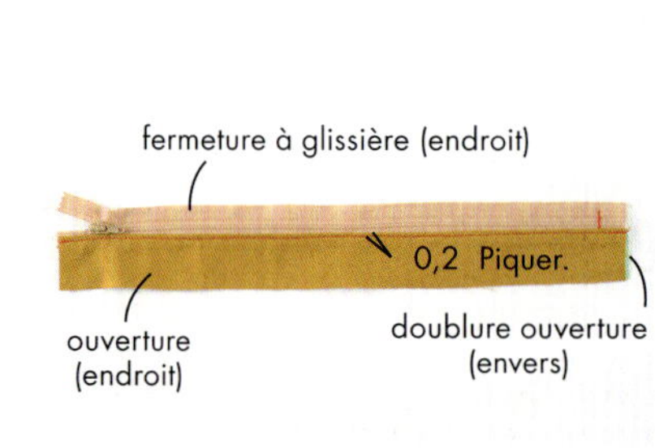

④ Retourner la pièce de l'ouverture sur l'endroit, puis surpiquer.

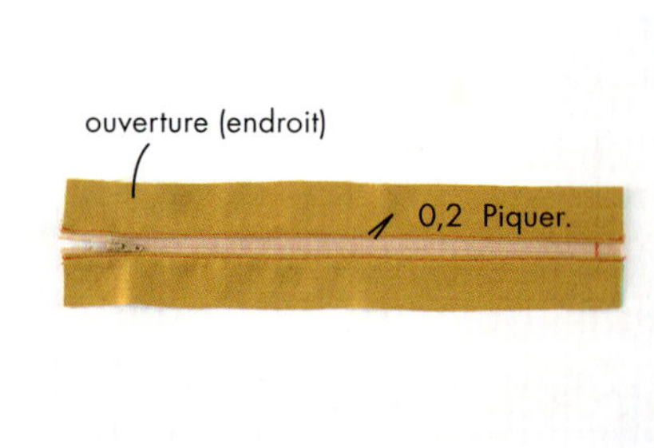

⑤ Coudre l'autre bord de la même manière.

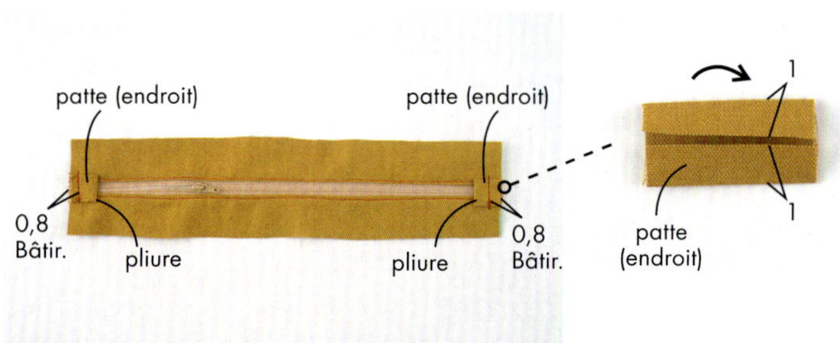

⑥ Plier les marges des pattes, puis les plier en 2. Bâtir les pattes sur les extrémités de la fermeture à glissière.

2 Assembler la pièce de l'ouverture et du fond.

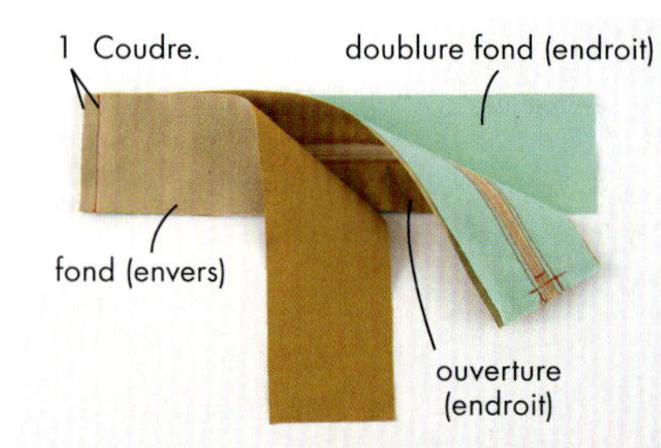

① Superposer les pièces de l'ouverture et du fond, endroit contre endroit, puis coudre le côté. Coudre les doublures de l'ouverture et du fond, endroit contre endroit.

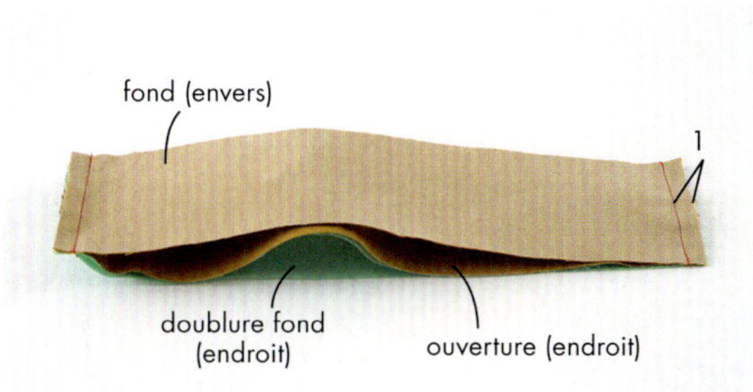

② Coudre l'autre côté de la même manière.

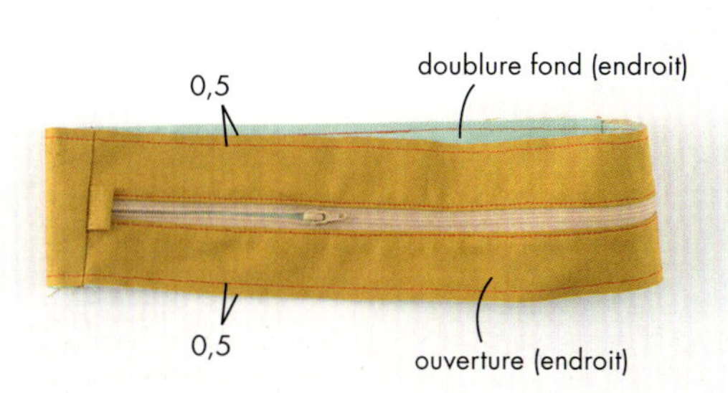

③ Retourner sur l'endroit. Bâtir le contour de la pièce de l'ouverture/fond.

3 Assembler le corps de la pochette et la pièce de l'ouverture/fond.

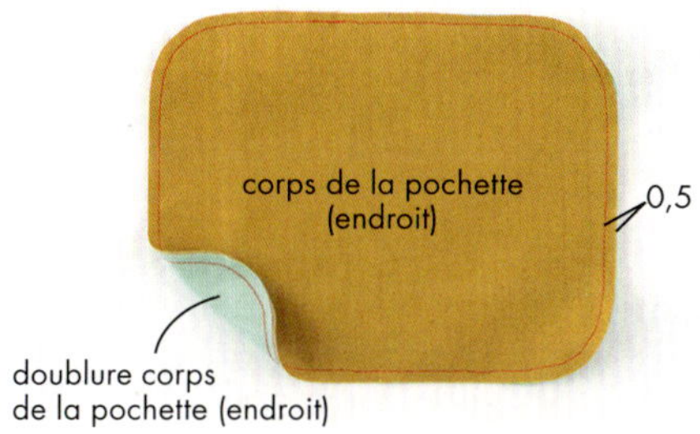

① Superposer le corps de la pochette et la doublure, envers contre envers, puis bâtir le contour. Réaliser 2 pièces identiques.

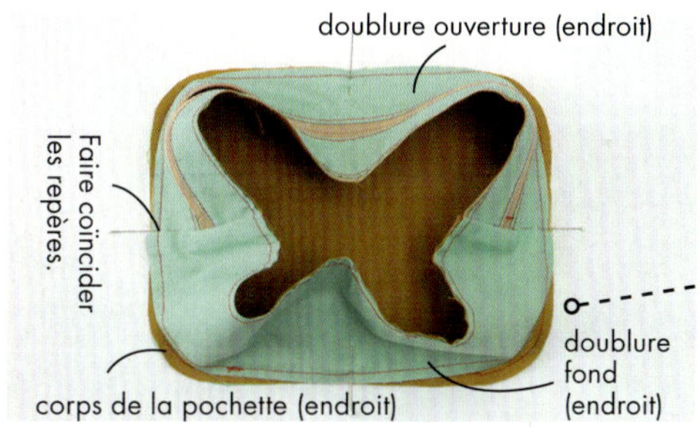

② Superposer le corps de la pochette et la pièce de l'ouverture/fond, endroit contre endroit, en faisant coïncider les repères.

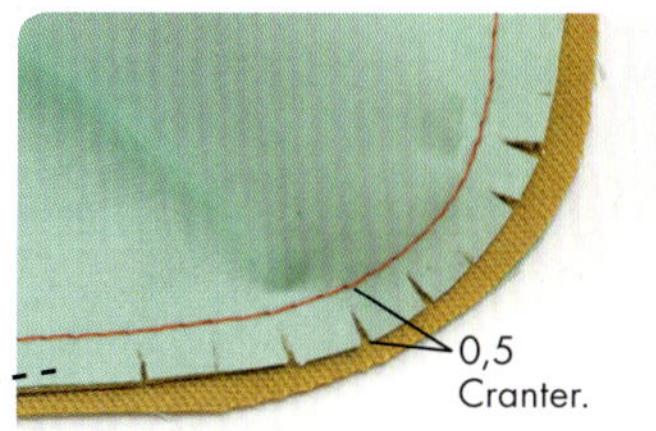

Cranter la marge de la courbe de la pièce de l'ouverture/fond.

③ Coudre.

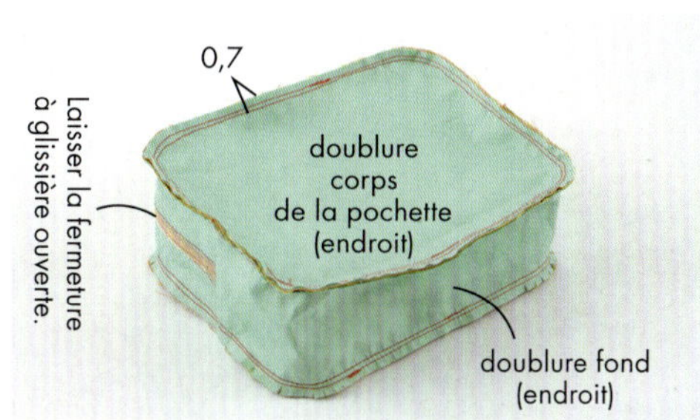

④ Assembler l'autre corps de la pochette et la pièce de l'ouverture/fond, endroit contre endroit. Laisser la fermeture à glissière ouverte.

4 Coudre le biais.

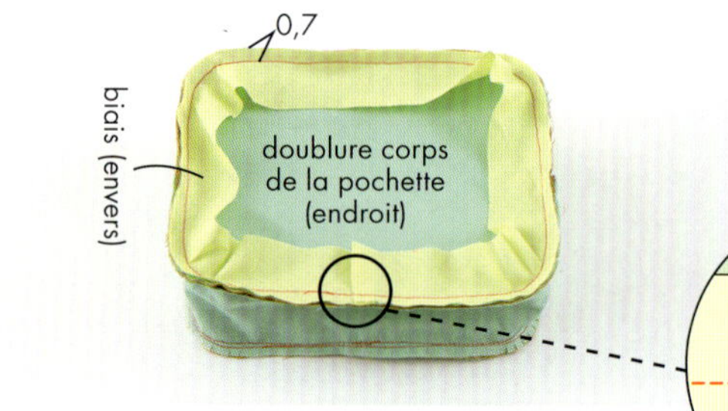

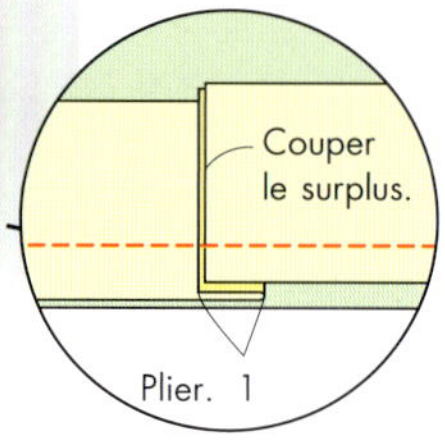

Superposer le biais et la doublure du corps de la pochette, endroit contre endroit. Plier l'extrémité du biais sur 1 cm et couper le surplus du biais. Coudre tout le tour.

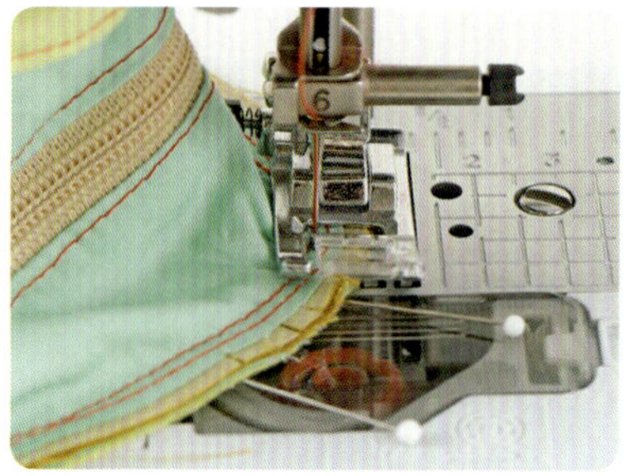

Coudre avec la pièce ouverture/ fond tourné vers soi. Piquer sur la couture de l'étape **3**-③ et ④ pour que la couture ne soit pas visible sur l'endroit.

5 Recouvrir les marges.

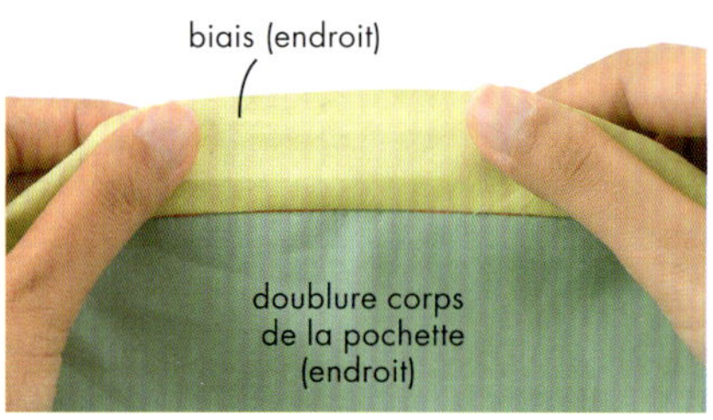

① Relever le biais.

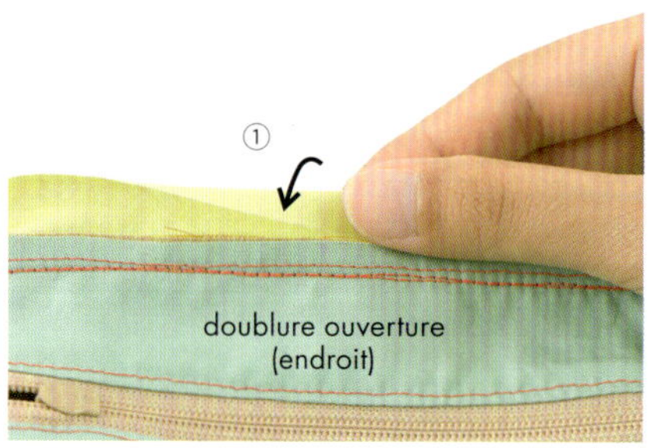

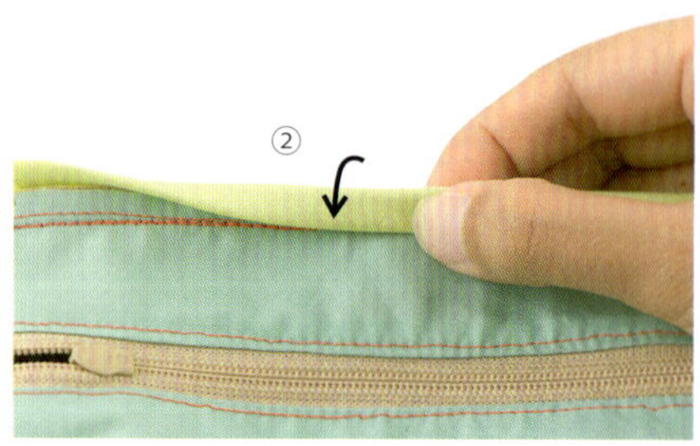

② Plier 2 fois le biais et recouvrir les marges.

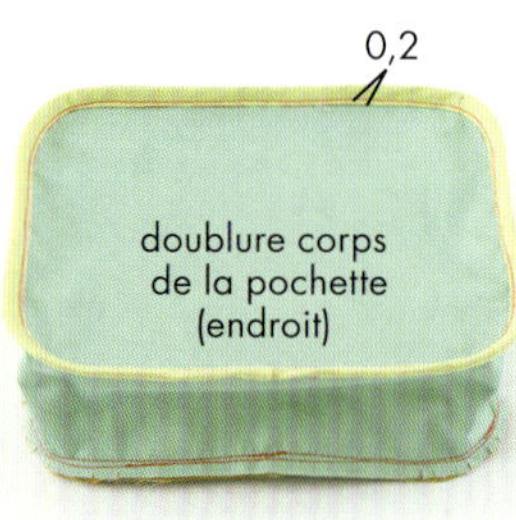

③ Piquer au ras de la pliure.

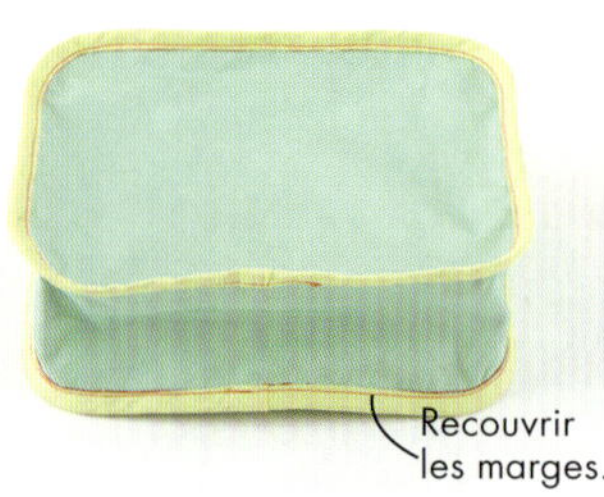

④ Recouvrir les marges de l'autre côté de la même manière.

Pochette terminée

B Retourner l'ouvrage sur la fin Point clé

※ Voir p. 71 pour les fournitures, les dimensions et les explications.

1 Réaliser la pièce de l'ouverture/fond (voir p. 28 et 29, étapes 1 et 2).

① Réaliser la pièce de l'ouverture et bâtir les pattes.

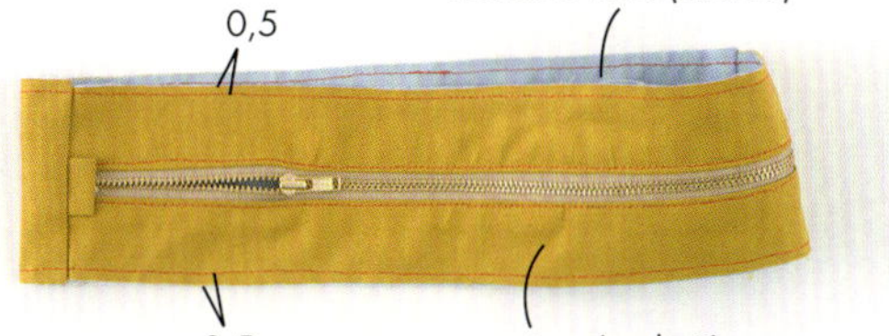

② Assembler la pièce de l'ouverture et du fond.

2 Assembler le devant et la pièce de l'ouverture/fond.

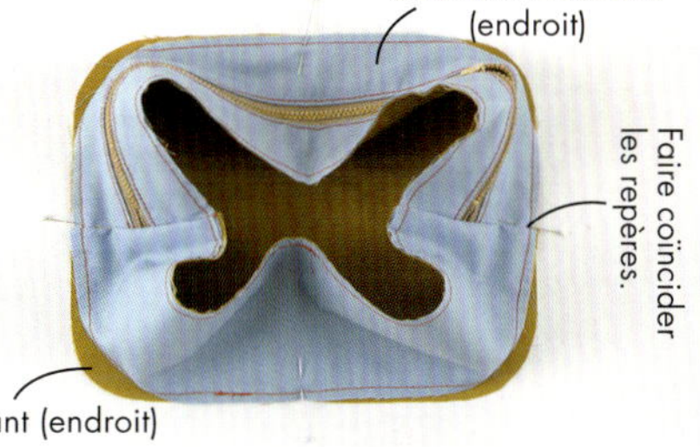

① Superposer le devant et la pièce de l'ouverture/fond, endroit contre endroit. Faire coïncider les repères et épingler.

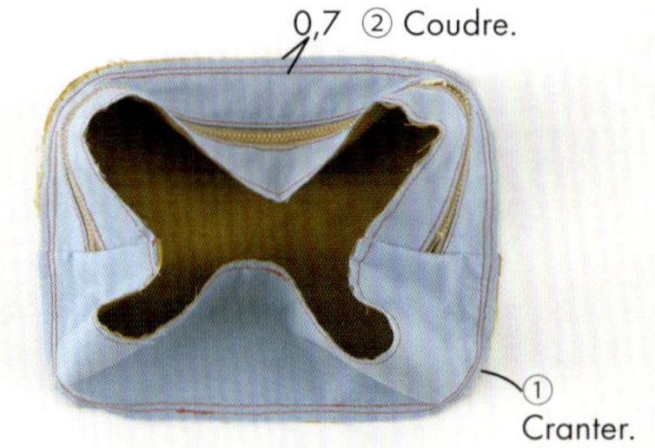

② Cranter la marge de la courbe de la pièce de l'ouverture/fond.

③ Superposer la doublure du devant sur la pièce de l'étape ②.

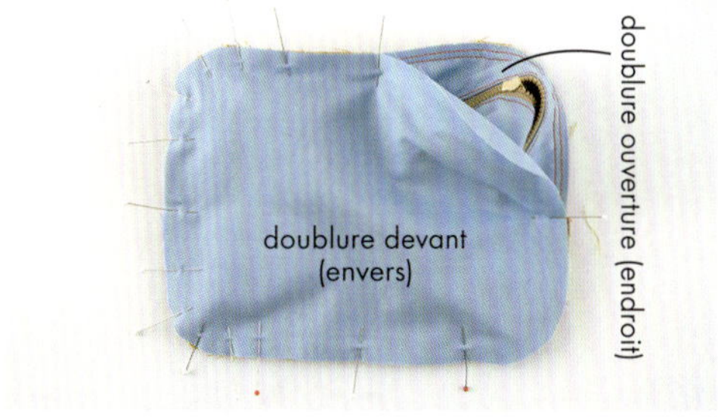

④ Plier la pièce de l'ouverture/fond vers l'intérieur. Épingler.

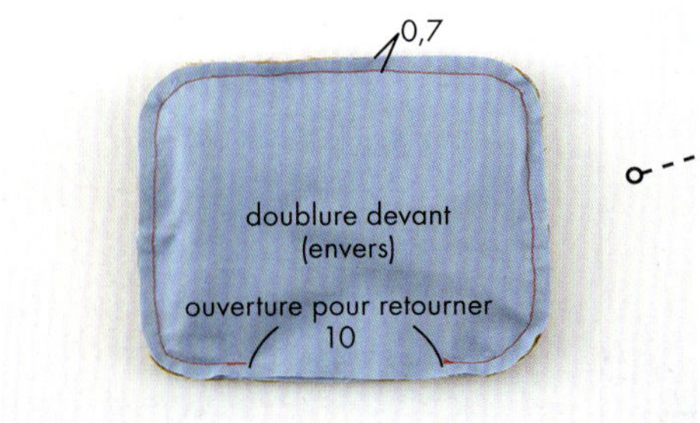

⑤ Coudre en laissant une ouverture pour retourner sur le fond.

Vue de l'autre côté.
La pièce de l'ouverture/fond n'est pas visible.

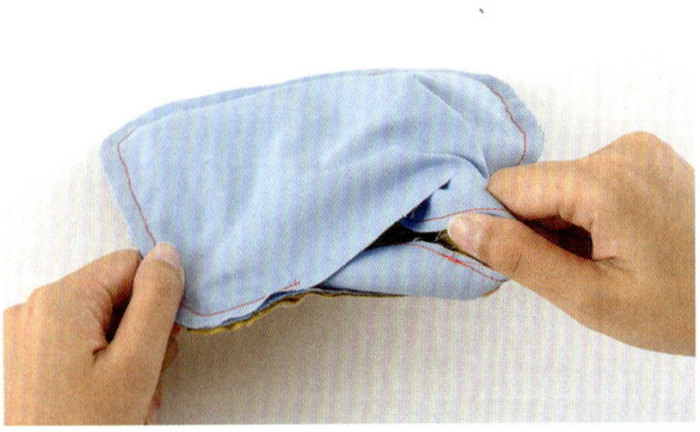

⑥ Retourner sur l'endroit.

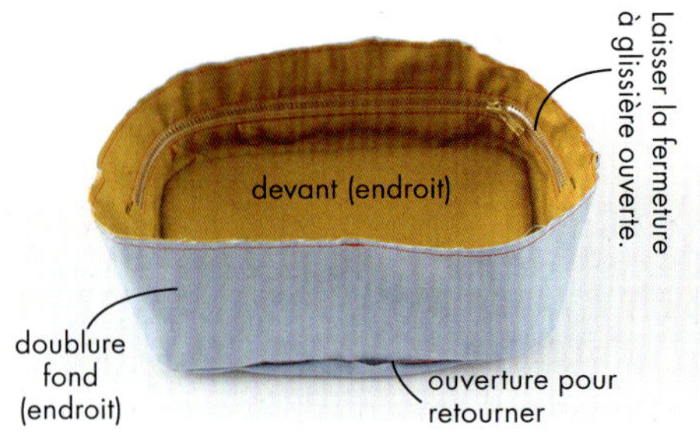

⑦ Le devant et la pièce de l'ouverture/fond sont assemblés. Laisser la fermeture à glissière ouverte.

3 Assembler le dos et la pièce de l'ouverture/fond.

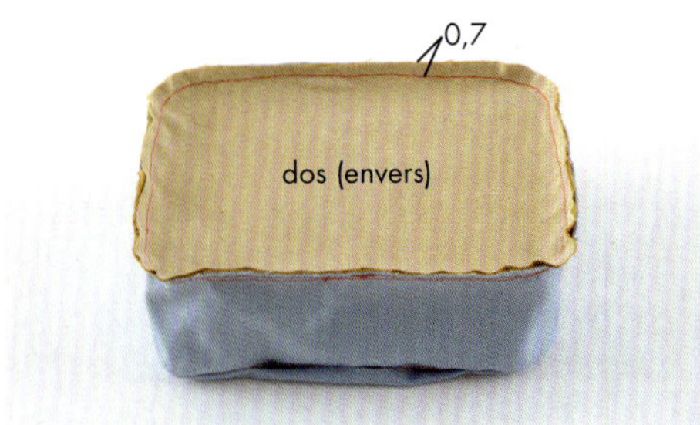

① Superposer la pièce de l'ouverture/fond et le dos, endroit contre endroit. Cranter la marge de la courbe de la pièce de l'ouverture/fond.

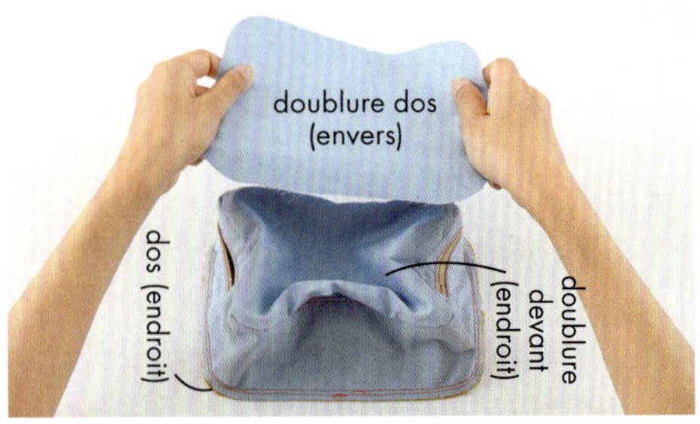

② Retourner l'ouvrage pour placer le dos en-dessous. Superposer la doublure du dos, endroit contre endroit.

③ Plier la pièce de l'ouverture/fond et le devant vers l'intérieur. Épingler le dos et sa doublure.

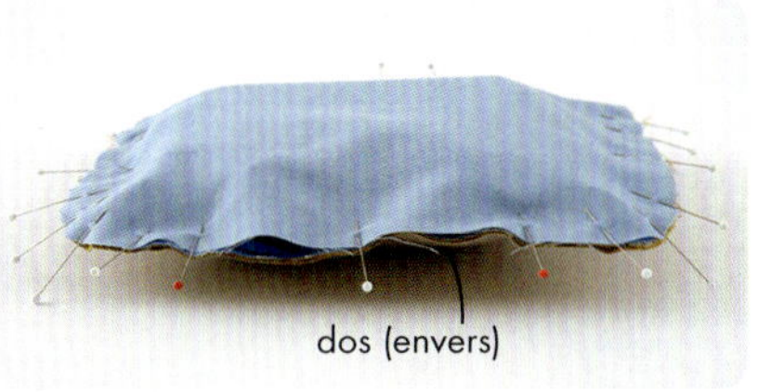

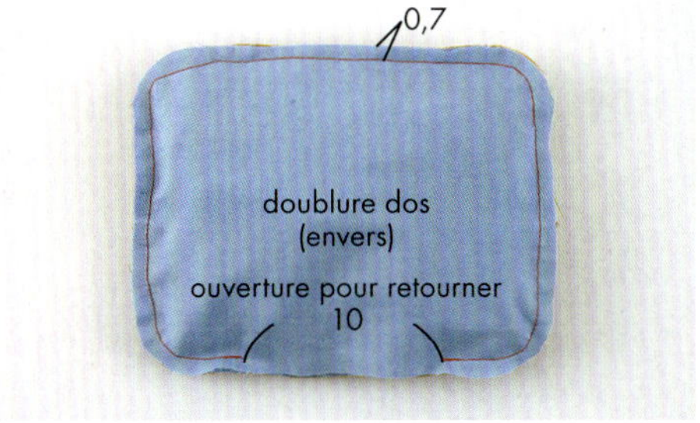

④ Coudre en laissant une ouverture pour retourner sur le fond.

⑤ Retourner sur l'endroit.

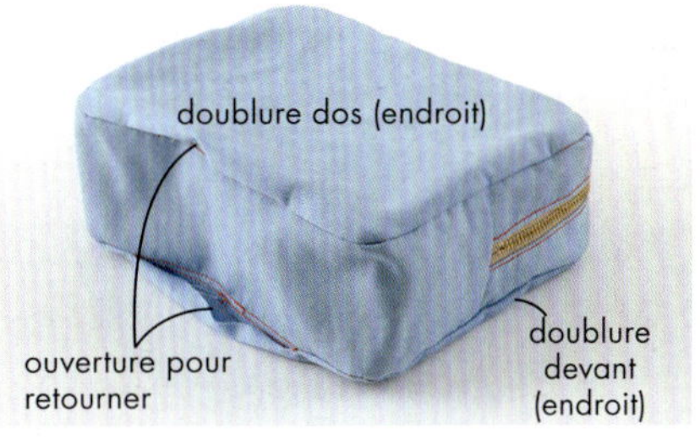

⑥ Mettre la pochette en forme.

4 **Fermer l'ouverture.**

Fermer les 2 ouvertures par une couture invisible (voir p. 57).

Pochette terminée

Leçon 4

Gros plan : le choix des tissus

Vous pouvez choisir une multitude de tissus pour la réalisation de vos pochettes.
Voici quelques points clés en fonction de la matière choisie.

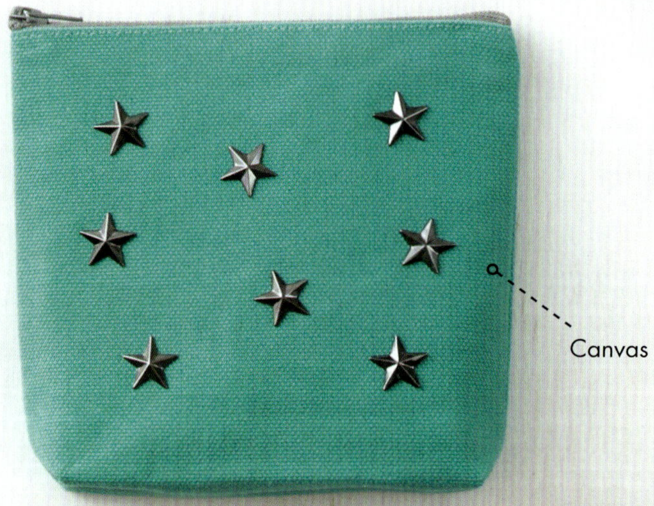

Pochette en canvas
Sans doublure

Le canvas est un tissu solide. Il est donc possible de réaliser la pochette sans doublure.
Ajoutez quelques strass thermocollants pour une petite touche d'originalité.

Explications : p. 72
Création et réalisation : Fuku no katachi design (Keiko Okada)

Pochettes en Tyvek et en vinyle

Sans finition de marges

Le Tyvek est une matière légère et solide.
Le vinyle est parfait pour une pochette imperméable.
Choisissez la matière selon l'utilisation finale.

Explications : p. 73 et 74
Création et réalisation : Fuku no katachi design (Keiko Okada)

Pochette double
En toile cirée

Une pochette en toile cirée protège son contenu de l'eau.
Cet ouvrage présente deux compartiments
comme si deux pochettes étaient collées.

Explications : p. 76
Création et réalisation : Fuku no katachi design (Keiko Okada)

Trousse de maquillage
En 2 tissus différents

L'extérieur est réalisé en toile cirée et l'intérieur en nylon. Ces deux tissus ne se salissent pas facilement et ils sont parfaits pour les trousses à maquillage notamment. Une poche est ajoutée sur le côté pour que le contenu ne s'éparpille pas lors de l'ouverture.

Explications : p. 78
Création et réalisation : mini-poche (Ari Yoneta)

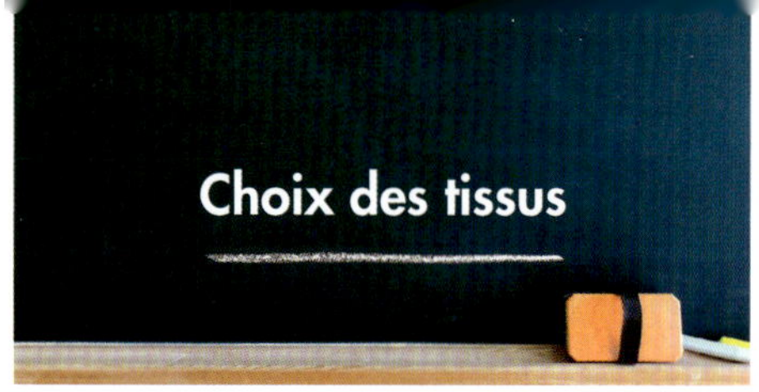

Tissus particuliers

Canvas
Ce tissu est composé de fils de coton ou de lin épais.
Il est très solide.

Tyvek
Le toucher rappelle celui du papier mais cette matière est très solide tout en étant légère. Elle est souvent utilisée pour une combinaison de protection.
Le bord ne s'effiloche pas.

Vinyle
Ce tissu est transparent. Il est résistant à l'eau et son bord de s'effiloche pas. Il existe dans des couleurs diverses.

Tissu imperméable type toile cirée
Une protection est ajoutée à la surface du tissu.
Il est résistant à l'eau et ne s'effiloche pas.

Nylon
Ce tissu est léger et solide. Il ne se salit pas facilement et peut être imperméable. Il peut être utilisé aussi pour la doublure.

Caractéristiques des matières particulières

Tissu	Repassage	Raccommodage	Surface glissante	Imperméabilité
Canvas	Oui	Oui	Oui	Non sauf tissu traité
Tyvek	Non	Non	Oui	Oui
Vinyle	Non	Non	Non	Oui
Toile cirée	Non	Non	Non surface mate glissante	Oui
Nylon	Oui à basse température	Oui	Oui	Non sauf tissu traité

Conseil

Tissu ne supportant pas le repassage…

Marquer la pliure avec les doigts ou avec une roulette pour presser.

※ Fournisseur : Clover

Couture des matières particulières

Utiliser fil et aiguille adaptés au tissu

canvas · nylon · toile cirée

Choisir un fil n° 30 et une aiguille n° 100 pour coudre le canvas épais et la toile cirée épaisse.
Pour un tissu de nylon fin, faire un essai.
Si les trous de l'aiguille sont trop visibles, choisir un fil n° 90 et une aiguille n° 70.

n° 30

n° 100

n° 90

n° 70

Utilisation des pinces

canvas · toile cirée · nylon · Tyvek · vinyle

Sur le Tyvek, le vinyle et la toile cirée, les trous de l'aiguille marquent le tissu. Il est parfois difficile d'épingler un tissu épais. Inversement, l'épingle peut glisser d'un tissu fin.
Utiliser dans ce cas des pinces à la place des épingles.

pinces

Optimisation de la piqûre

vinyle · toile cirée

Le pied-de-biche a tendance à coller à la surface du nylon et de la toile cirée. Utiliser un pied-de-biche en teflon et vaporiser du lubrifiant sur l'aiguille pour que le tissu glisse correctement.

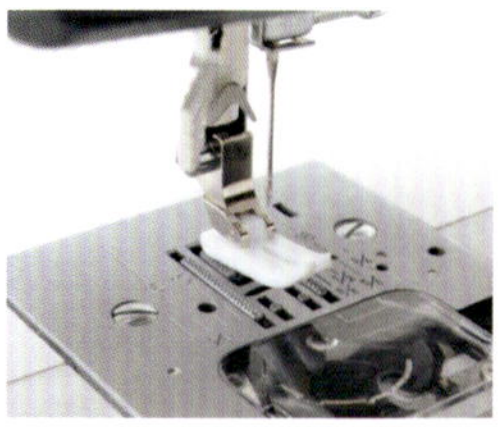
Pied-de-biche en teflon

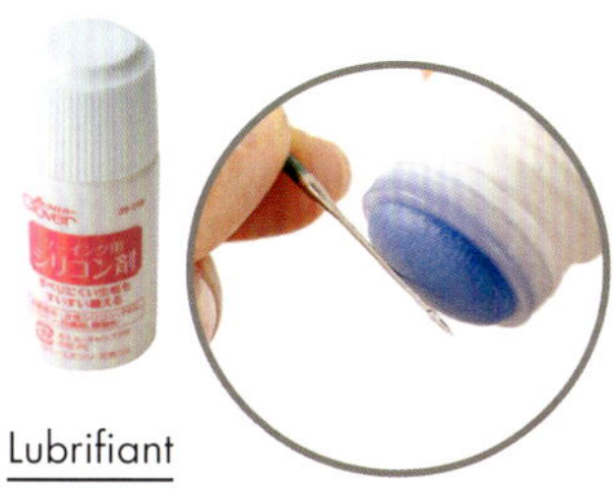
Lubrifiant

Pied-de-biche en teflon

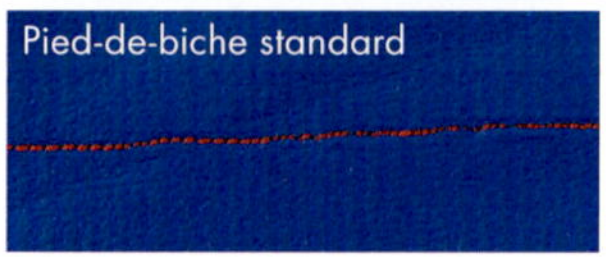
Pied-de-biche standard

〔 Piquer sur l'envers du tissu 〕

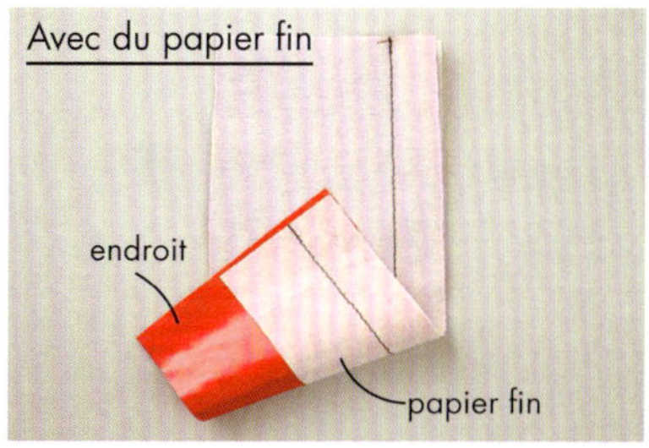

L'endroit du tissu en nylon et de la toile cirée est plus collant que l'envers de ces tissus. Pour coudre avec l'envers du tissu tourné vers soi, placer du papier de soie sous le tissu pour éviter que le tissu ne colle sur la plaque de la machine.

Tension du fil

nylon

La couture peut être tendue sur un tissu en nylon fin. Faire un essai avec une chute de tissu pour régler correctement la tension du fil.
Si la couture est tendue, baisser la tension du fil.

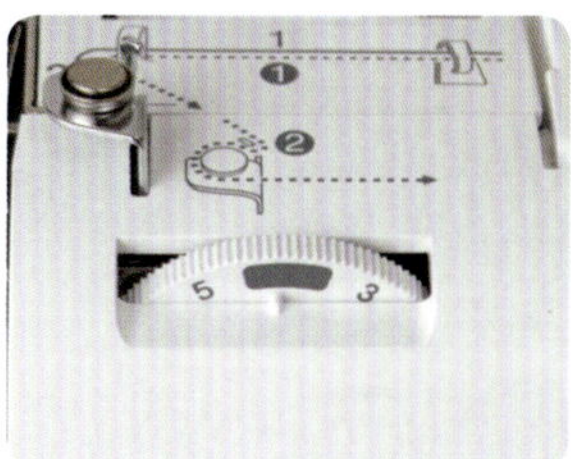

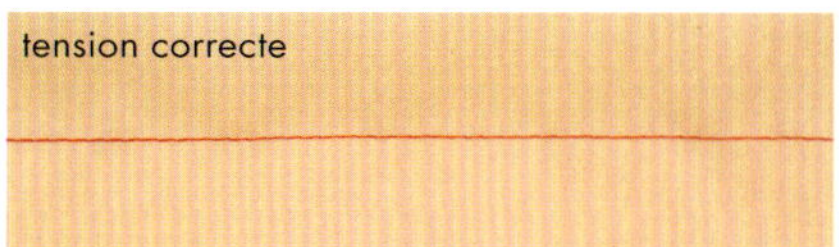
tension correcte

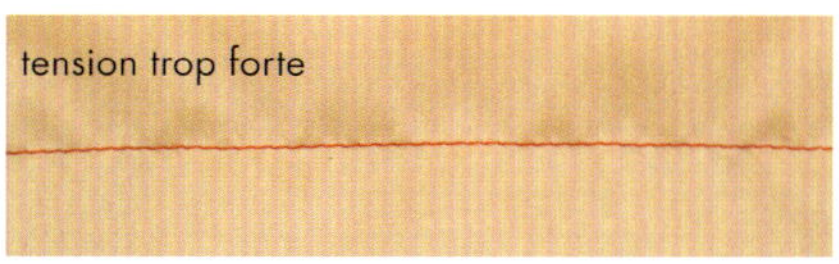
tension trop forte

※ Fournisseur (aiguilles, pinces, lubrifiant) : Clover

Leçon 5

Gros plan : le montage du fermoir

Le fermoir permet de créer des pochettes variées.

Porte-monnaie plat
Avec un fermoir carré

Pour débuter, choisissez un fermoir porte-monnaie carré.
Les angles du fermoir servent de repère
et permettent d'obtenir une jolie forme.

Explications : p. *75*
Point clé : p. 42
Création et réalisation : mini-poche (Ari Yoneta)

Types de fermoirs et lexique

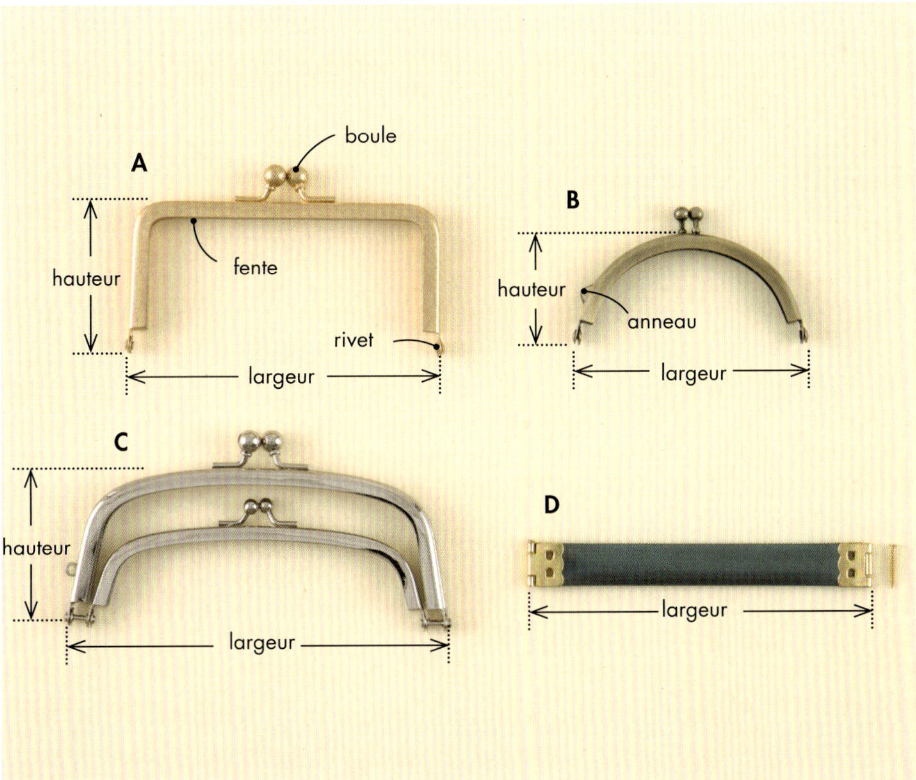

A : fermoir porte-monnaie carré
B : fermoir porte-monnaie rond
C : fermoir porte-monnaie double
D : fermoir clic clac

Note

Disposer l'anneau vers la gauche pour le devant de la pochette.

Matériel nécessaire pour le montage d'un fermoir

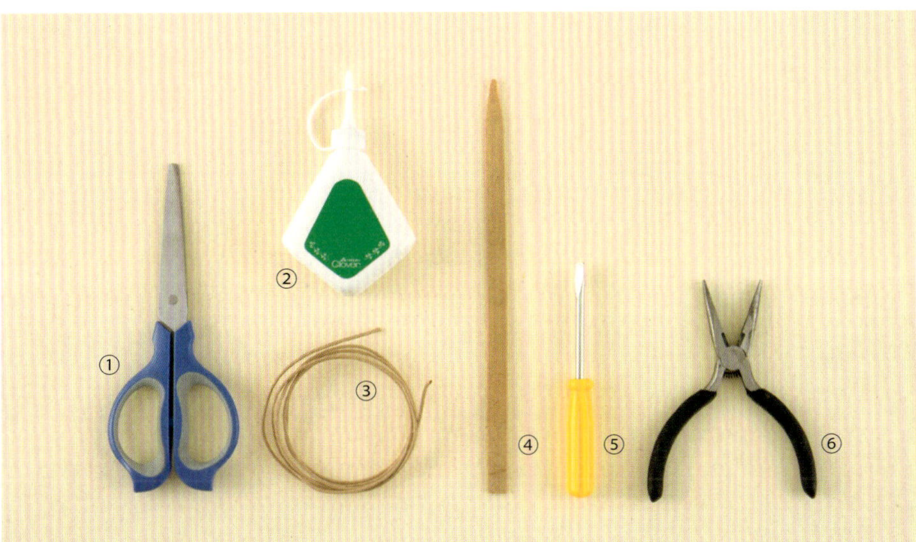

① Ciseaux pour papier
Pour couper la ficelle en papier.
② Colle
À appliquer dans la fente du fermoir.
③ Ficelle en papier
À insérer dans la fente du fermoir pour maintenir l'ouverture de l'ouvrage.
④ Spatule
Pour appliquer la colle.
Elle est remplaçable par un cure-dent ou une pique en bois.
⑤ Tournevis plat
Pour insérer l'ouvrage et la ficelle en papier dans la fente du fermoir.
⑥ Pince à bout plat
Pour fixer les extrémités du fermoir.
Placer une chute de tissu pour protéger le fermoir.

※ Fournisseur (glu) : Clover

Fixation du fermoir porte-monnaie

Point clé

※ Voir p. 75 pour les fournitures, les dimensions et les explications.

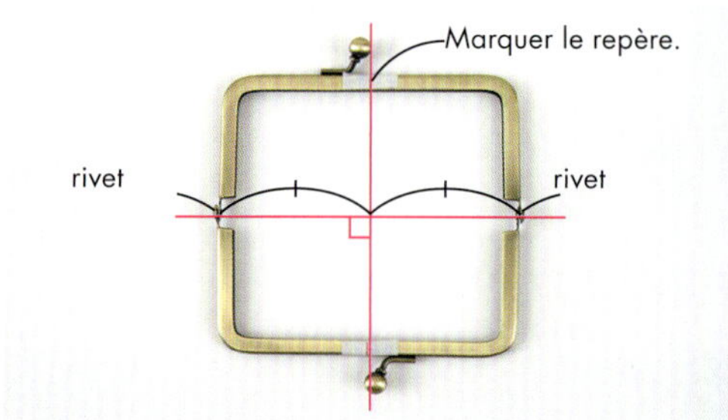

① Diviser la largeur du fermoir en 2 et marquer le repère au centre. Coller du ruban adhésif sur le fermoir pour marquer le repère.

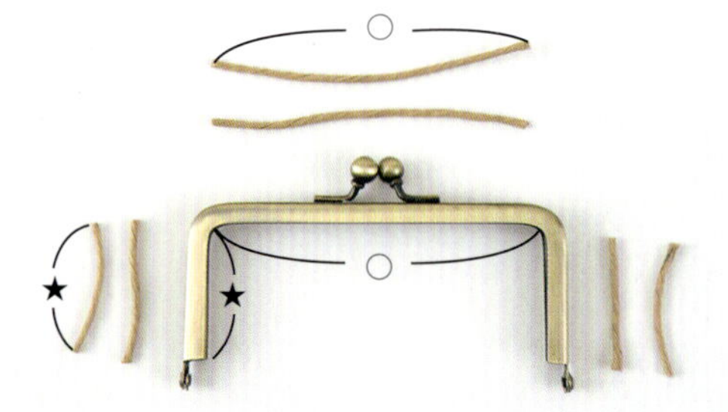

② Couper le nombre de ficelles en papier nécessaire dans une longueur équivalente à chaque partie du fermoir.

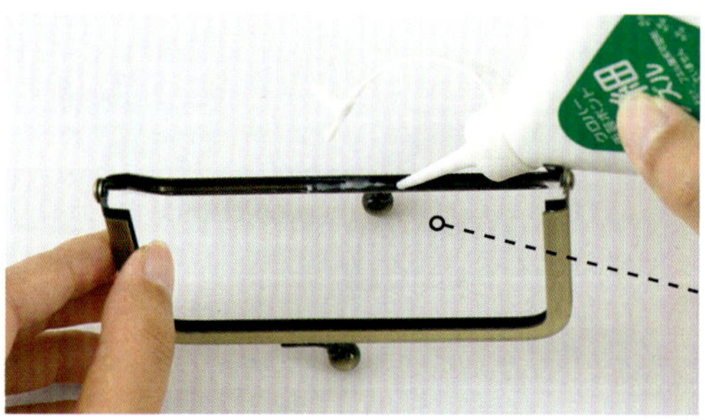

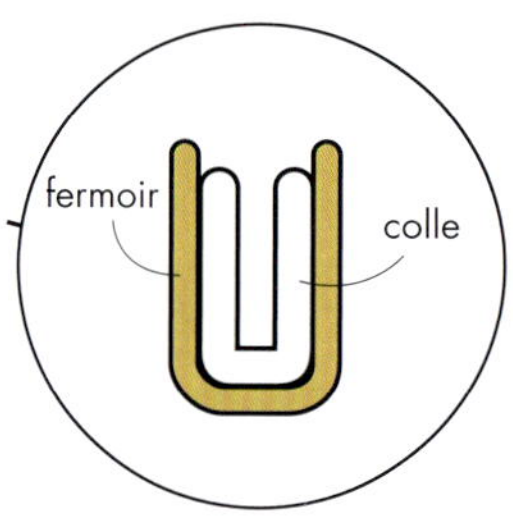

③ Appliquer de la colle dans la fente du fermoir et étaler la colle à l'aide d'une spatule.

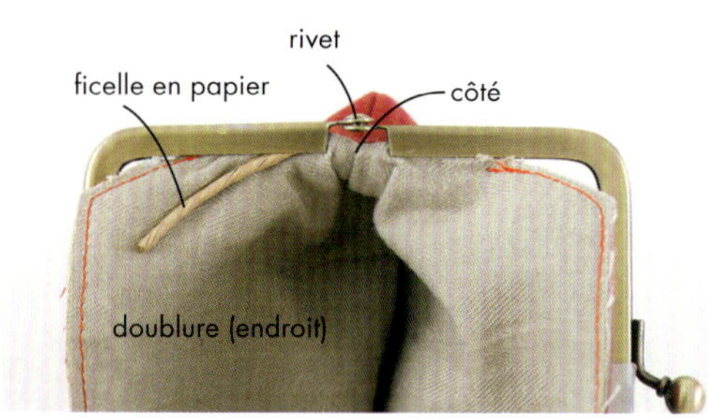

④ Faire coïncider le rivet et le côté de l'ouvrage et insérer l'ouvrage dans la fente du fermoir. Insérer la ficelle en papier à l'extrémité du fermoir.

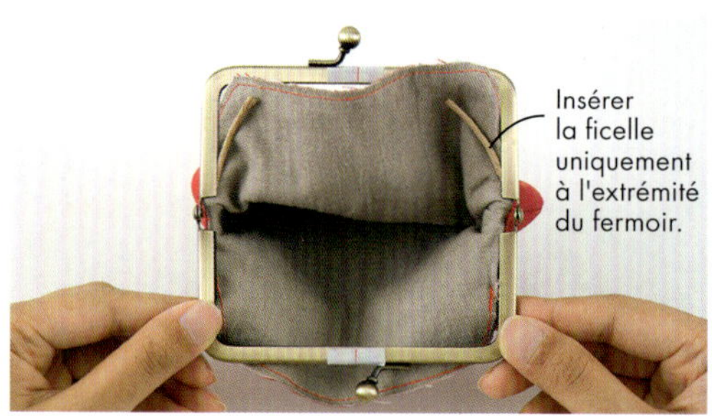

⑤ Insérer l'autre côté de la même manière.

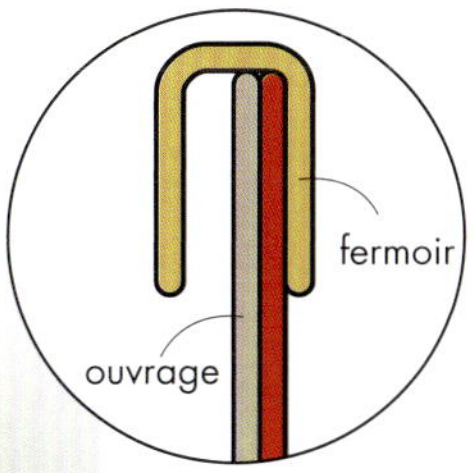

⑥ Insérer l'ouverture de l'ouvrage dans la fente du fermoir en faisant coïncider le milieu.

⑦ Faire coïncider les milieux de la ficelle en papier et du fermoir. Insérer la ficelle en papier.

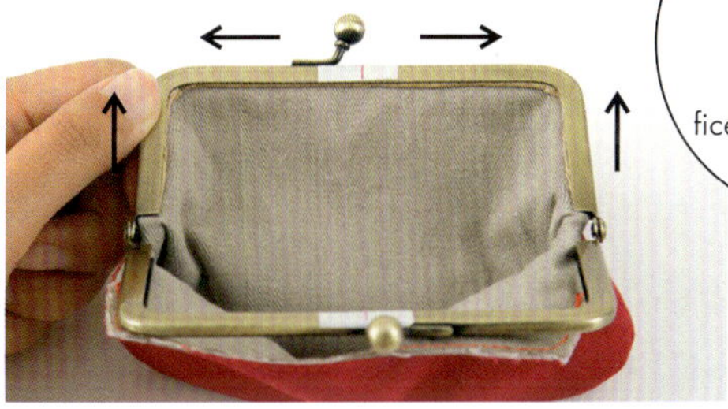

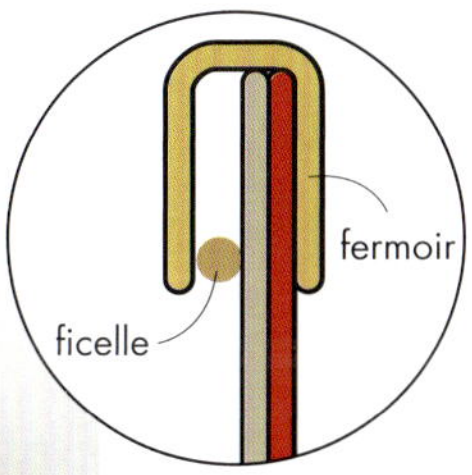

⑧ Insérer la ficelle en papier du milieu vers l'angle, et l'extrémité vers l'angle. Ne pas l'insérer jusqu'au fond de la fente.

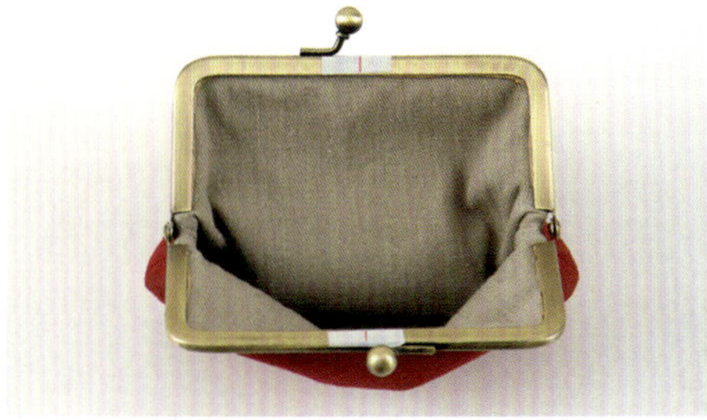

⑨ Insérer l'autre ouverture en suivant les étapes ③ à ⑧. Laisser sécher la colle.

⑩ Placer une chute de tissu et fixer l'extrémité du fermoir à l'aide d'une pince.

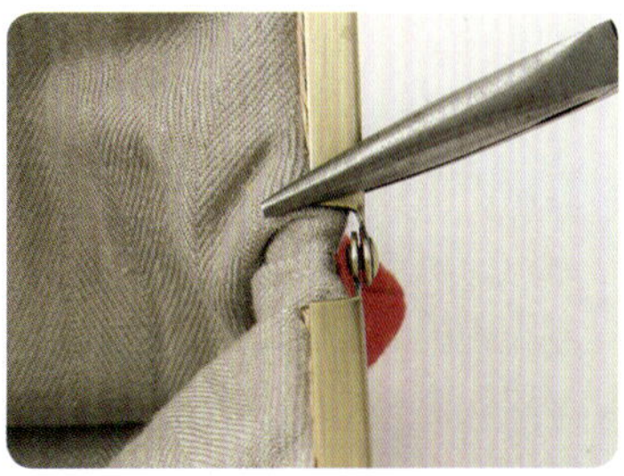

Sans chute de tissu. Pincer l'extrémité du fermoir avec la pointe de la pince.

⑪ Le fermoir est fixé.

Trousse de voyage
Avec un fermoir porte-monnaie double

Réalisez cette trousse à deux compartiments
pour ranger vos affaires de toilette.
Fixez d'abord le petit fermoir, puis le grand.

Explications : p. 80
Création et réalisation : mini-poche (Ari Yoneta)

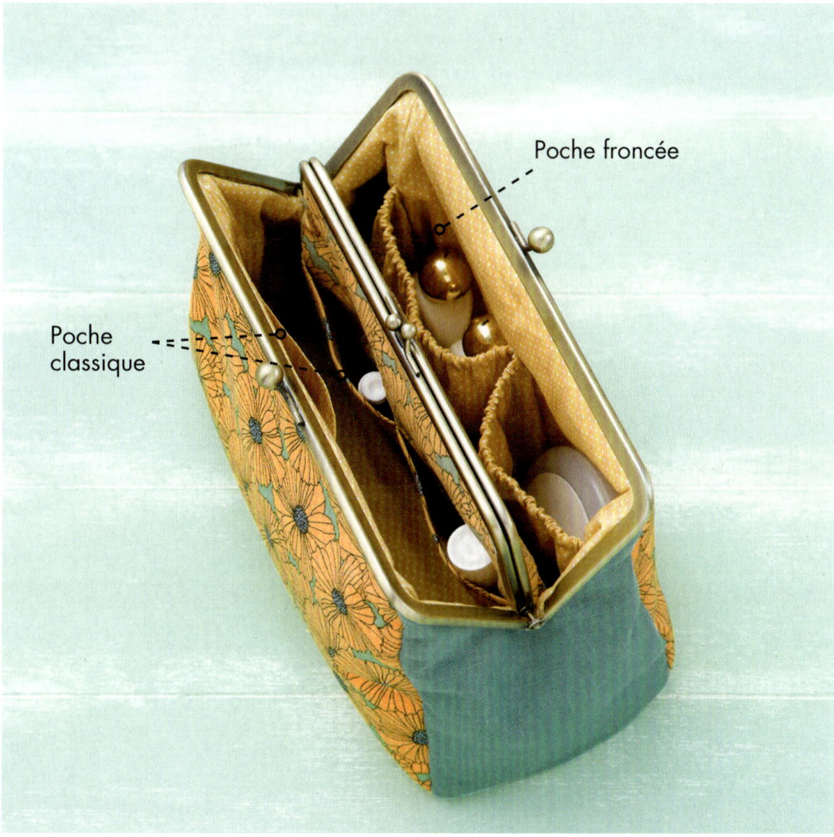

Ajoutez des poches classiques et froncées pour un rangement optimal.

Pochette A5

Avec un grand fermoir

Si vous êtes maintenant à l'aise avec le montage d'un fermoir porte-monnaie, essayez celui avec un grand fermoir. Des cahiers A5 peuvent être rangés dans cette pochette. Ajoutez des poches à l'extérieur et à l'intérieur.

Explications : p. 82
Création et réalisation : mini-poche (Ari Yoneta)

Porte-clés astucieux
Avec un fermoir clic clac

Le fermoir clic clac facilite l'ouverture d'une pochette. Ajoutez une attache pour fixer vos clés et placez votre abonnement de transport dans la poche extérieure.

Explications : p. 84
Création et réalisation : sewsew (Mari Shinguu)

Petits plus

Accessoires

Voici encore de nombreuses pochettes originales et pratiques.

Protège-carnet de santé
Avec poches

Transformez une pochette zippée de base en pochette pliée pour ranger votre carte Vitale et votre carnet de santé.

Explications : p. 86
Création et réalisation : komihinata (Mioko Sugino)

Rangez carte Vitale
et ordonnances dans
les poches afin
de les rendre accessibles
rapidement une fois
à la pharmacie.
Vous pouvez aussi glisser
quelques petits objets
dans la poche zippée.

Porte-clés
En forme de sac

Ajoutez des anses sur cette petite pochette. Elle sera pratique pour ranger vos clés et prête à glisser dans votre sac.

Explications : p. 88
Création et réalisation : komihinata (Mioko Sugino)

Pochons

Couture en ligne droite

Ces deux modèles sont très faciles à réaliser.
Ils sont parfaits pour y envelopper quelques petits cadeaux.

Explications : p. 89
Création et réalisation : komihinata (Mioko Sugino)

Housse pour crochets

Enroulez et rangez !

Le rabat maintient les crochets en place à l'intérieur de la housse.
Parfaite aussi pour ranger stylos et outils de bricolage.

Explications : p. 90
Création et réalisation : mini-poche (Ari Yoneta)

Trousses « pyramide »

Modifiez les dimensions !

La réalisation de ces deux modèles est identique mais selon les dimensions du tissu, leur forme est bien différente. Une feuille isotherme est choisie pour la doublure du grand modèle pour transporter une petite bouteille.

Explications : p. 92 (A), p. 93 (B)
Création et réalisation : sewsew (Mari Shinguu)

Trousse « hexagone »

Variation de la pochette cube

Pliez les côtés 2 fois pour obtenir cette forme hexagonale.
Sa forme est originale et charmante.

Explications : p. 94

Création et réalisation : sewsew (Mari Shinguu)

Pochons « chat »
Insérez les oreilles

En choisissant un tissu rappelant les motifs de chat calico, vous pouvez réaliser ces pochons so cute ! Insérez les oreilles triangulaires lors de la couture des côtés.

Explications : p. 95
Création et réalisation : sewsew (Mari Shinguu)

Lexique de la pochette

Fermeture à glissière
Permet de fermer l'ouverture de la pochette. Disposer l'arrêt côté gauche pour une personne droitière.
Voir p. 8.

Ouverture de la pochette
Pour insérer les objets.

Corps de la pochette
Extérieur de la pochette. La matière du tissu peut être diverse. Pour l'utilisation d'un tissu fin, thermocoller pour obtenir davantage de tenue.
Voir p. 38 (choix des tissus), p. 23 (toile thermocollante)

Côté

Fond

Doublure
Tissu intérieur de la pochette.
Voir p. 25.

Fermoir
Accessoire en métal pour fermer la pochette.
Voir p. 41.

Corps

Soufflet
Profondeur de la pochette.

Explications

Indications générales

○ La marge de couture est comprise sur les gabarits de l'encart.
○ Certaines pièces rectangulaires n'ont pas de gabarits en taille réelle. Tracer ces pièces directement sur le tissu en suivant les mesures indiquées sur le plan de coupe.
○ L'unité de mesure est le centimètre, sauf indication contraire.
○ En cas de raccord des motifs, préparer plus de métrage de tissu.
○ Les dimensions du fermoir sont indiquées largeur x hauteur.

Couture à la main

Point glissé

Prendre 1 fil de tissu extérieur et sortir l'aiguille par l'intérieur du tissu.

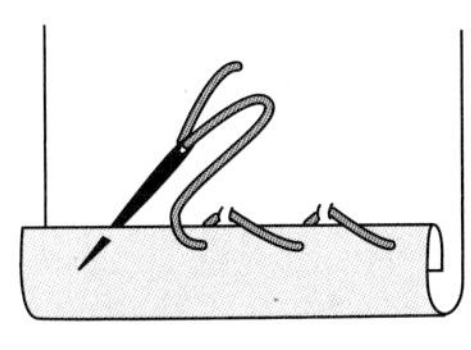

Couture invisible

Disposer la pliure des 2 tissus, bord à bord. Piquer l'aiguille dans la pliure du tissu et la sortir par celle-ci.

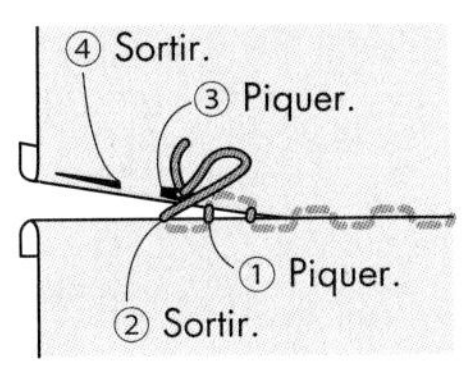

Pochettes plates, A : Plier en triangle Photo : p. 6

Dimensions
21 x 15 cm (largeur x hauteur)

Fournitures
23 x 31,4 cm de lin jaune à fleurs
23 x 31,4 cm de coton écru
23 x 31,4 cm de toile thermocollante
1 fermeture à glissière métallique de 20 cm de long

Plans de coupe

Lin jaune à fleurs

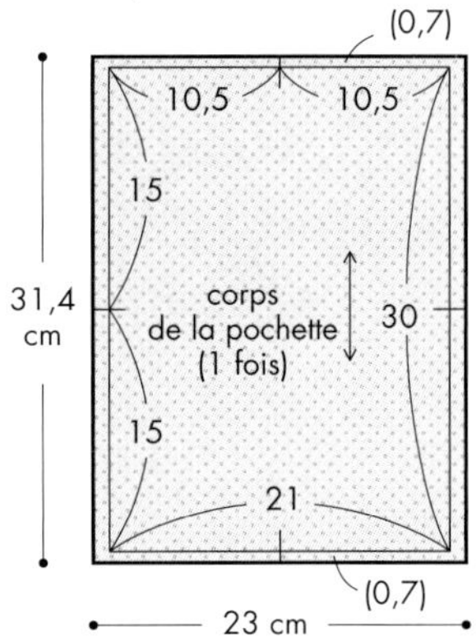

Coton écru

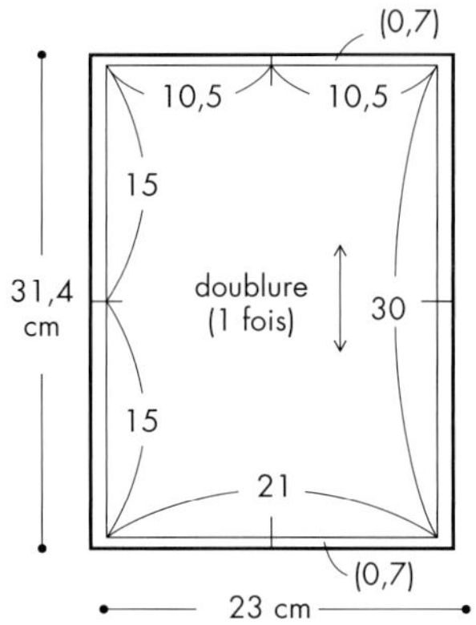

∗ Ajouter 1 cm de marge de couture, sauf indication contraire.
Les mesures entre parenthèses correspondent aux marges de couture.
∗ Thermocoller la partie indiquée en gris.

Réalisation

∗ Voir p. 10 à 12.

Pochette terminée

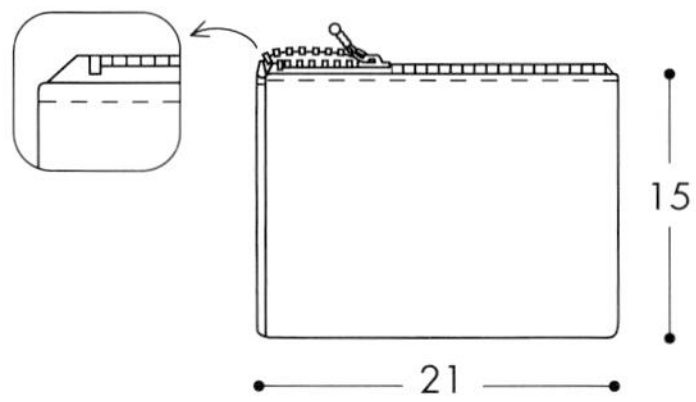

Pochettes plates, B : Plier à angle droit Photo : p. 6

Dimensions
22 x 15 cm (largeur x hauteur)

Fournitures
24 x 31,4 cm de lin bleu foncé à fleurs
24 x 31,4 cm de coton écru
24 x 31,4 cm de toile thermocollante
1 fermeture à glissière métallique de 20 cm de long

Plans de coupe

Lin bleu foncé à fleurs

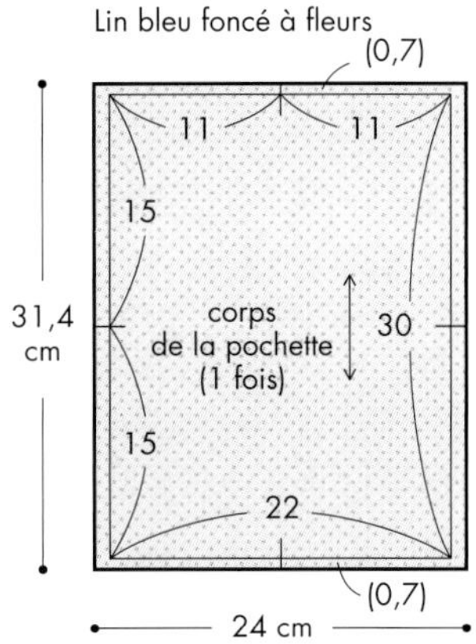

Coton écru

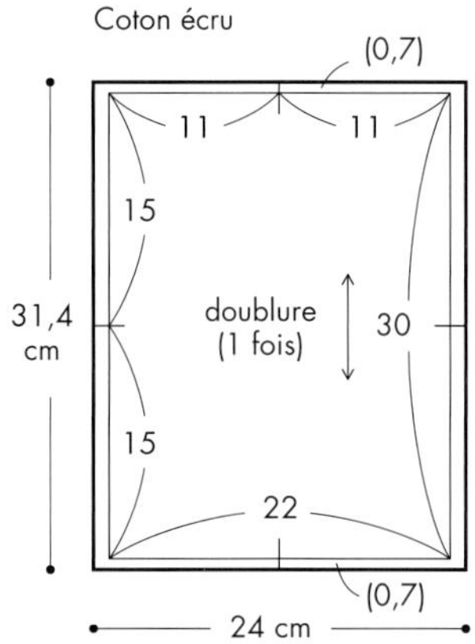

∗ Ajouter 1 cm de marge de couture, sauf indication contraire.
Les mesures entre parenthèses correspondent aux marges de couture.
∗ Thermocoller la partie indiquée en gris.

Réalisation

1. Réaliser la finition des extrémités de la fermeture à glissière.

∗ Voir p. 13 - B.

↓

∗ Voir p. 10 - **2** à p. 12.

Pochette terminée

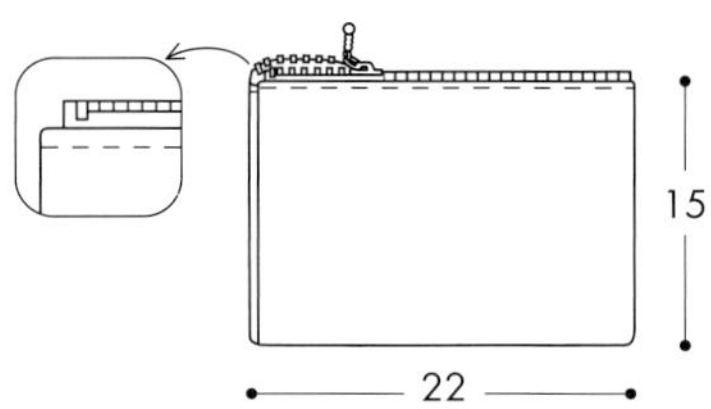

Pochettes plates, C : Insérer à l'intérieur

Photo : p. 6

Dimensions
17 x 15 cm (largeur x hauteur)

Fournitures
19 x 31,4 cm de lin bleu clair à fleurs
19 x 31,4 cm de coton écrue
19 x 31,4 cm de toile thermocollante
1 fermeture à glissière en plastique de 20 cm de long

Plans de coupe

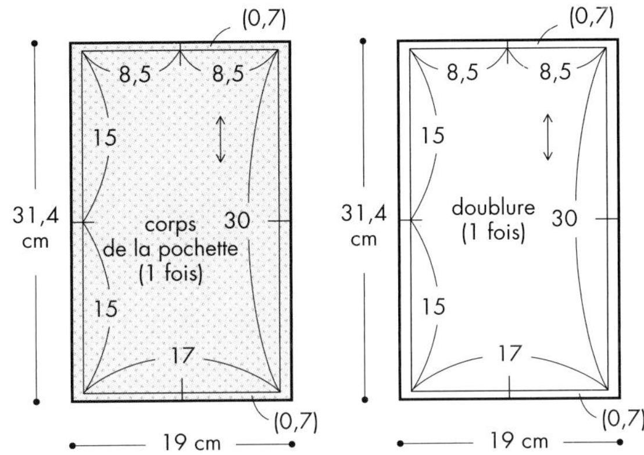

∗ Ajouter 1 cm de marge de couture, sauf indication contraire. Les mesures entre parenthèses correspondent aux marges de couture.
∗ Thermocoller la partie indiquée en gris.

Réalisation

1. Coudre la fermeture à glissière.

∗ Voir p. 13 - C.

2. Couper le surplus de la fermeture à glissière.

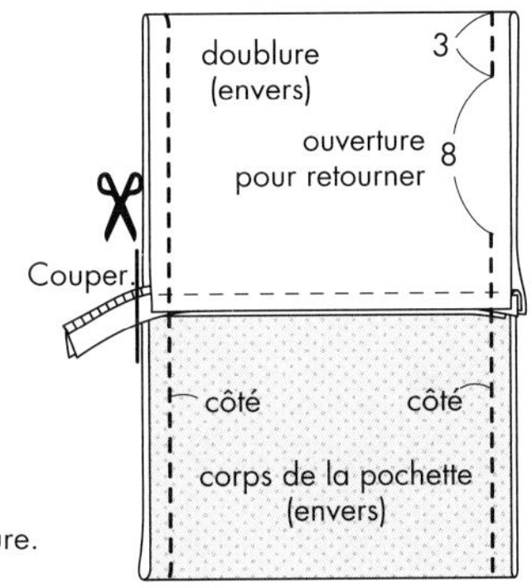

3. Retourner sur l'endroit et fermer l'ouverture.

∗ Voir p. 12 - **6**.

Pochette terminée

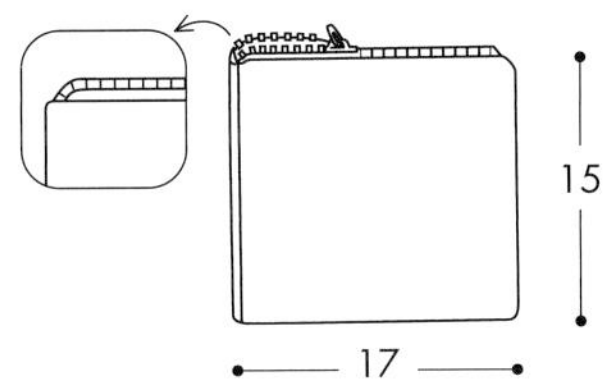

Pochettes plates, D : Recouvrir

Photo : p. 6

Dimensions
23 x 15 cm (largeur x hauteur)

Fournitures
25 x 31,4 cm de lin rouge à fleurs
25 x 31,4 cm de coton écru
5 x 7 cm de lin bleu foncé
25 x 31,4 cm de toile thermocollante
1 fermeture à glissière métallique de 20 cm de long

Plans de coupe

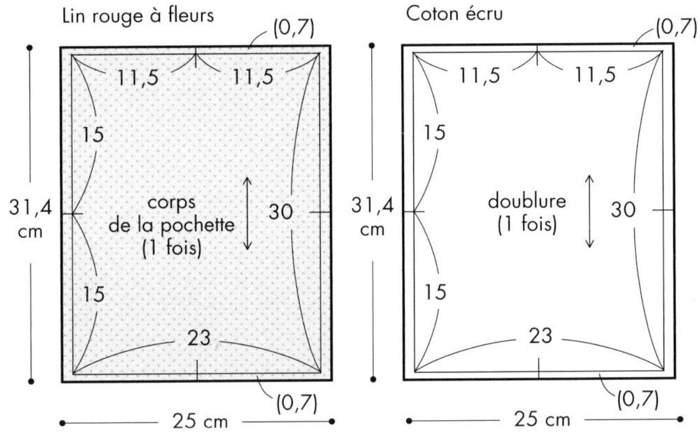

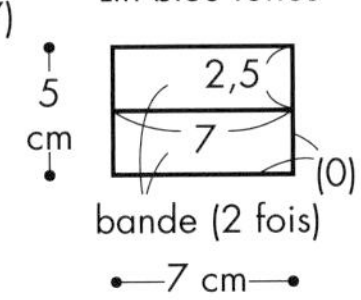

∗ Ajouter 1 cm de marge de couture, sauf indication contraire. Les mesures entre parenthèses correspondent aux marges de couture.
∗ Thermocoller la partie indiquée en gris.

Réalisation

1. Coudre les bandes aux extrémités de la fermeture à glissière.

∗ Voir p. 14 - D.

2. Bâtir la fermeture à glissière sur le corps de la pochette.

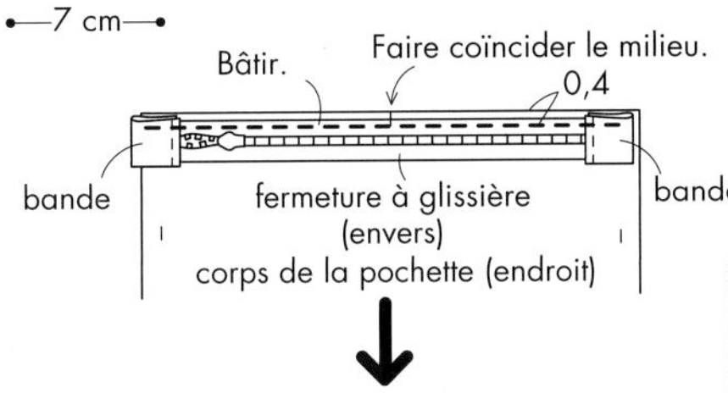

∗ Voir p. 10 - **2** à p. 12, sans réaliser p. 11 - **3**, étape ④ et p. 12 - **4**, étape ④.

Pochette terminée

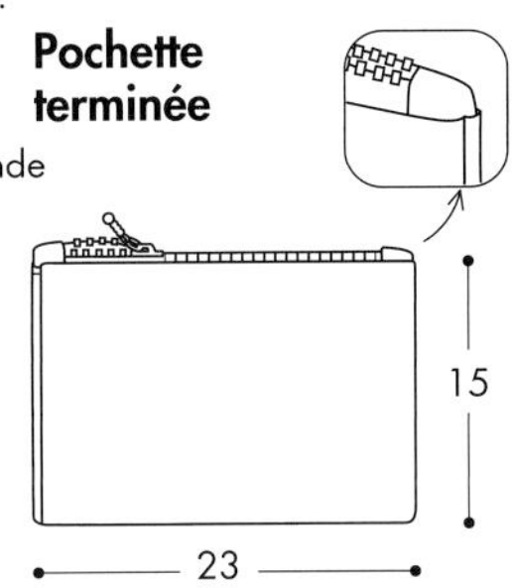

Pochettes plates, E : Laisser dépasser Photo : p. 6

Dimensions
26 x 15 cm (largeur x hauteur)

Fournitures
28 x 32 cm de lin gris à fleurs
28 x 32 cm de coton écru
7,5 x 9 cm de coton écru
28 x 32 cm de toile thermocollante
1 fermeture à glissière métallique de 30 cm de long

Plans de coupe

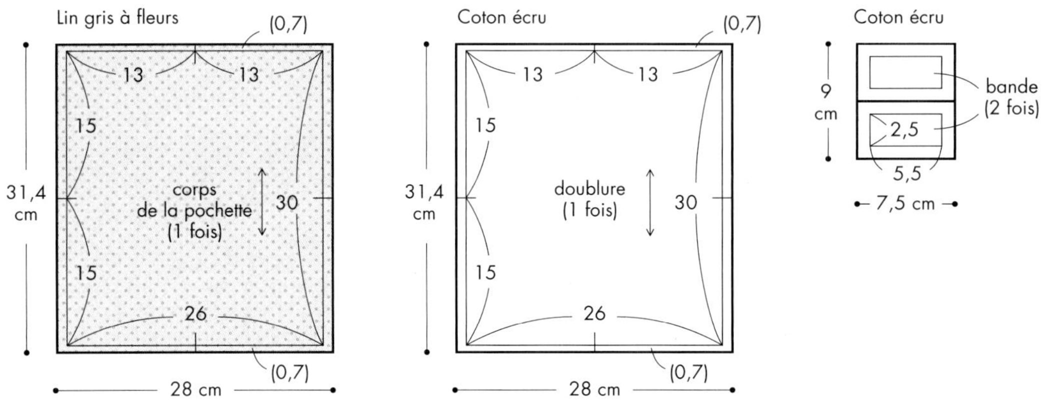

∗ Ajouter 1 cm de marge de couture, sauf indication contraire.
Les mesures entre parenthèses correspondent aux marges de couture.
∗ Thermocoller la partie indiquée en gris.

Réalisation

1. Coudre la fermeture à glissière, puis les côtés.

∗ Voir p. 15 - E.

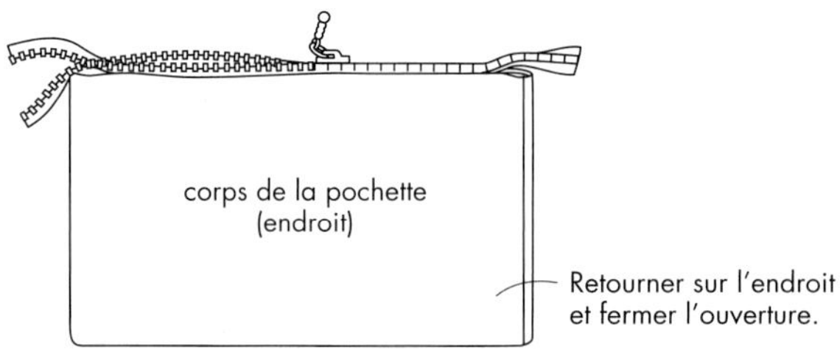

2. Coudre les bandes aux extrémités de la fermeture à glissière.

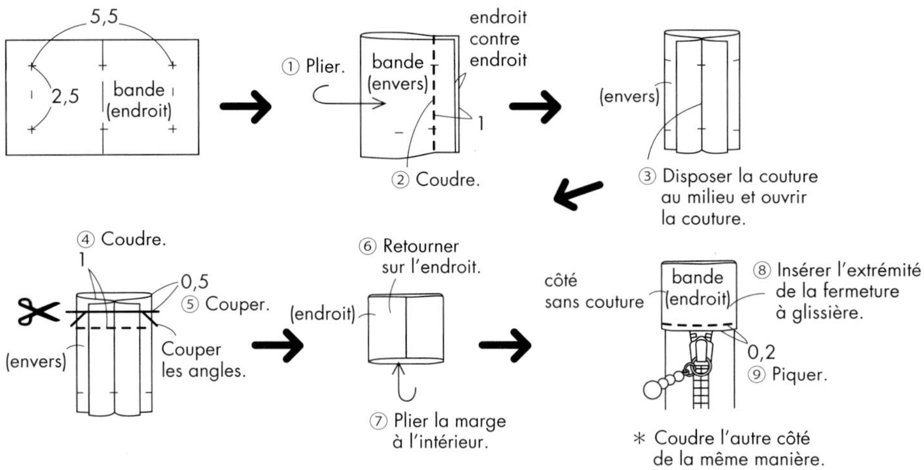

Pochette terminée

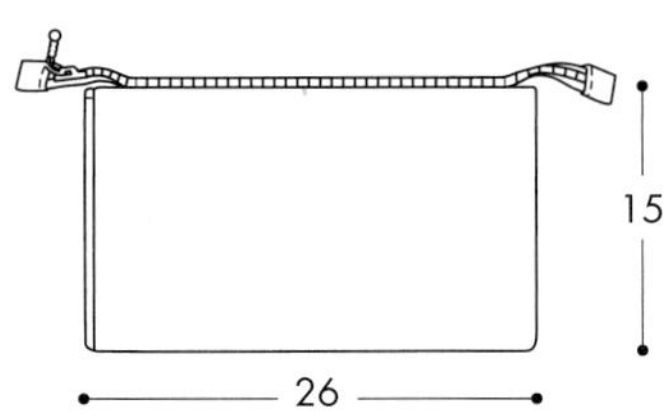

Pochettes cubes

Photo : p. 16

Dimensions
(largeur x hauteur x soufflet)
10 x 10 x 10 cm (grand modèle)
8 x 8 x 8 cm (petit modèle)

Fournitures

Grand modèle
40 x 50 cm d'Oxford gris clair imprimé
50 x 50 cm de coton beige
1 fermeture à glissière métallique de 20 cm de long
22 x 45 cm de toile thermocollante

Petit modèle
35 x 40 cm d'Oxford rose imprimé
40 x 50 cm de coton beige
1 fermeture à glissière métallique de 16 cm de long
18 x 35 cm de toile thermocollante

Plans de coupe

Oxford imprimé

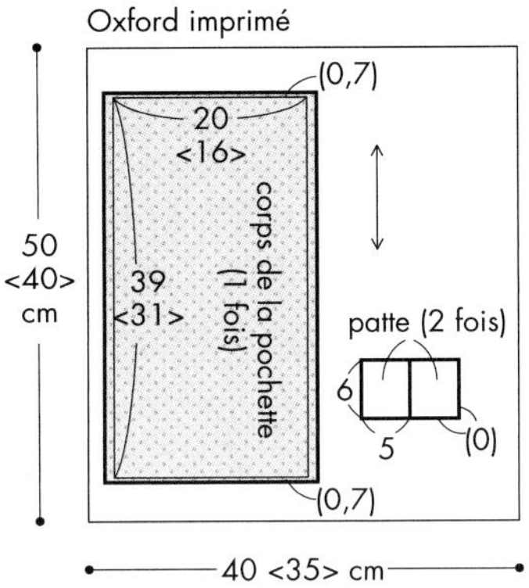

Coton beige

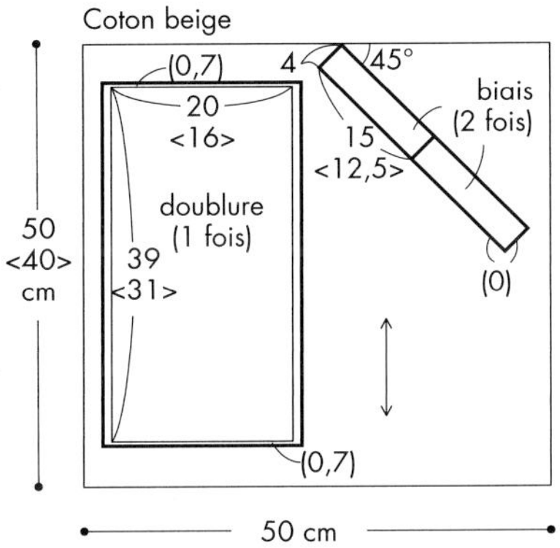

∗ Ajouter 1 cm de marge de couture, sauf indication contraire.
Les mesures entre parenthèses correspondent aux marges de couture.
∗ Thermocoller la partie indiquée en gris.
∗ Les mesures entre < > correspondent à celles du petit modèle.

Réalisation

1. Coudre la fermeture à glissière.

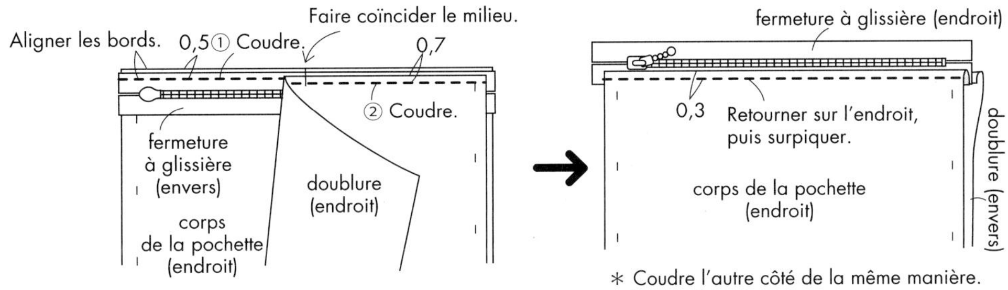

∗ Coudre l'autre côté de la même manière.
Voir p. 94.

2. Coudre les pattes.

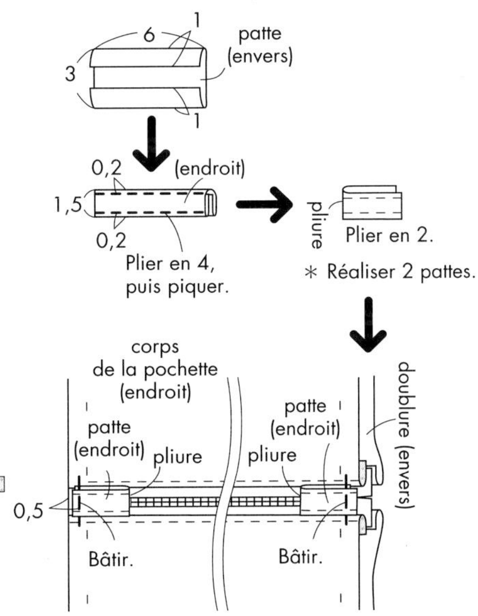

3. Coudre les côtés.

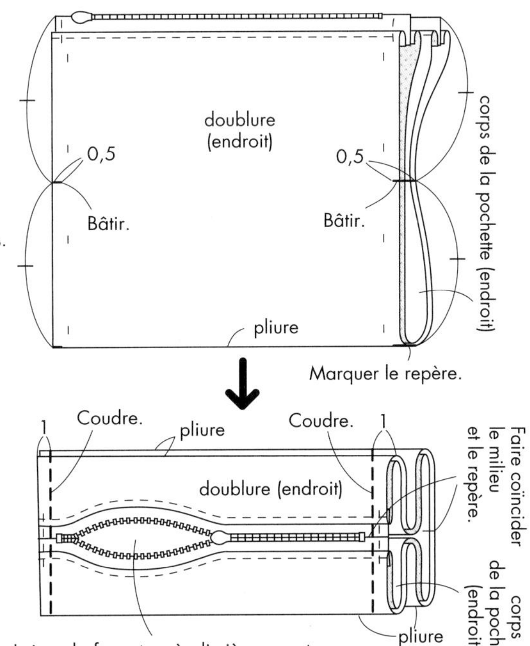

4. Recouvrir les marges avec le biais.

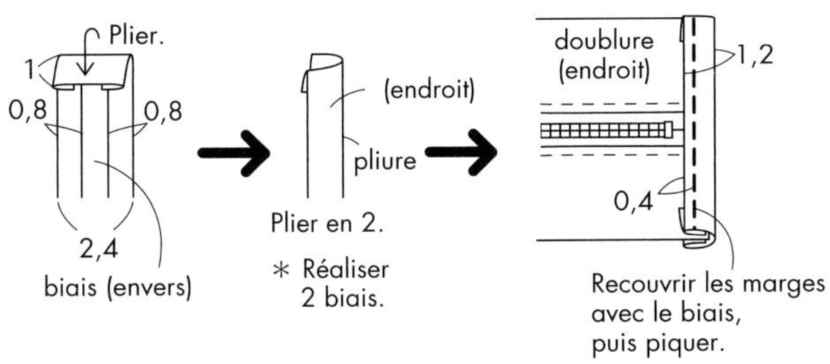

5. Retourner sur l'endroit.

∗ Coudre l'autre côté de la même manière.

Pochettes terminées

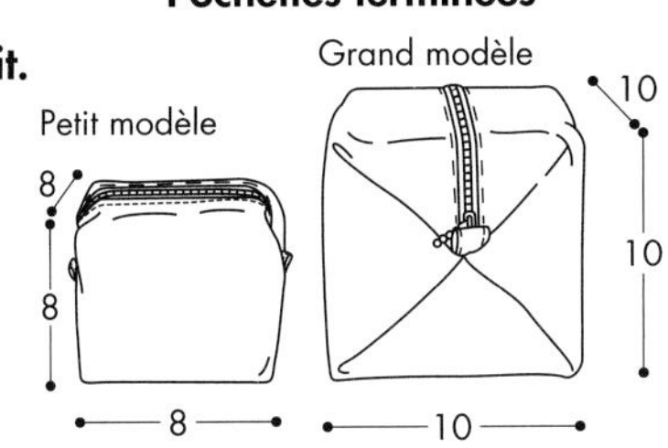

Pochette ronde Photo : p. 17

Dimensions
12 x 4 cm
(diamètre x côté, sans bandoulière)

Gabarits en taille réelle dans l'encart face 1
A-1. corps de la pochette,
A-2. ouverture, A-3. côtés/fond,
A-4. poche

Fournitures
35 x 40 cm d'Oxford bleu-vert imprimé
40 x 80 cm de coton à pois
30 x 40 cm de toile thermocollante
1 fermeture à glissière métallique de 20 cm de long
2 anneaux D de 1 cm de large
2 mousquetons

Plans de coupe

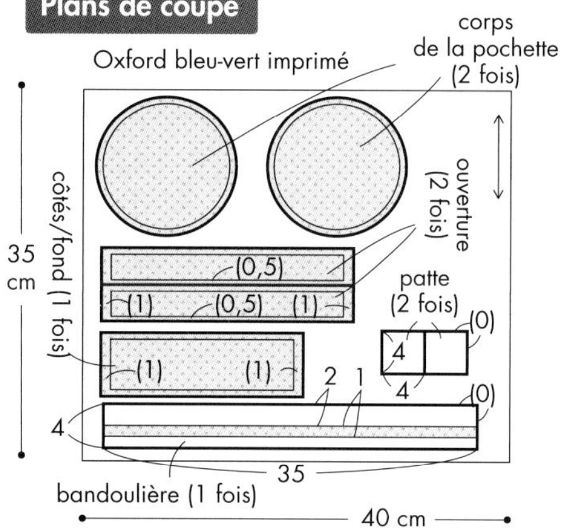

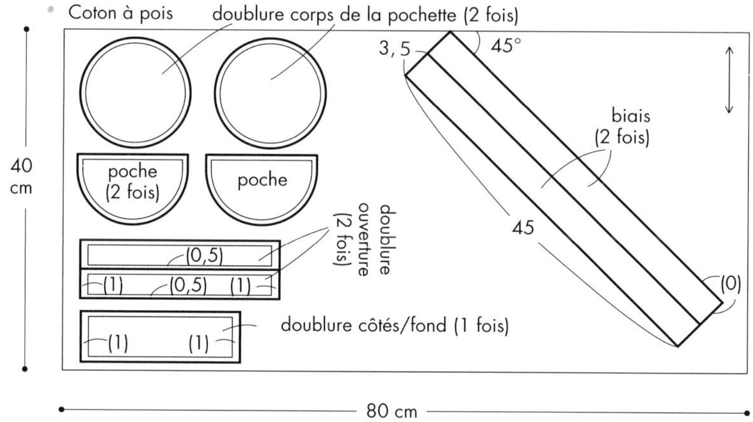

* Ajouter 0,7 cm de marge de couture, sauf indication contraire.
Les mesures entre parenthèses correspondent aux marges de couture.
* Thermocoller les parties indiquées en gris.

Réalisation

1. Coudre la poche.

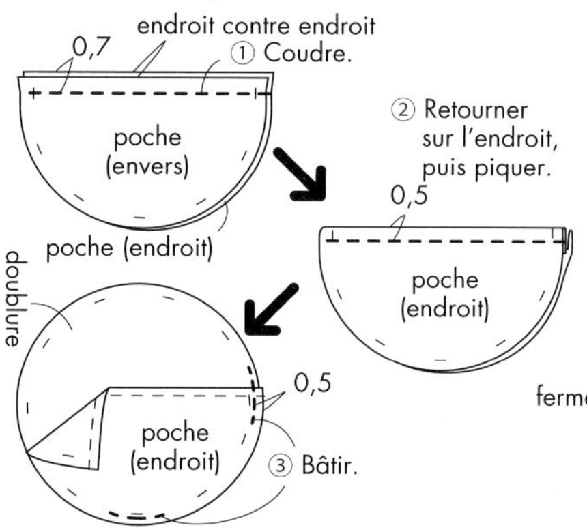

2. Réaliser la pièce d'ouverture.

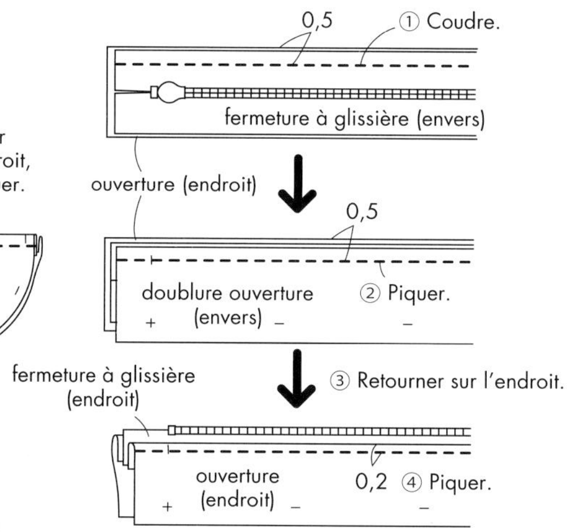

* Coudre l'autre côté de la même manière.

3. Coudre les pattes.

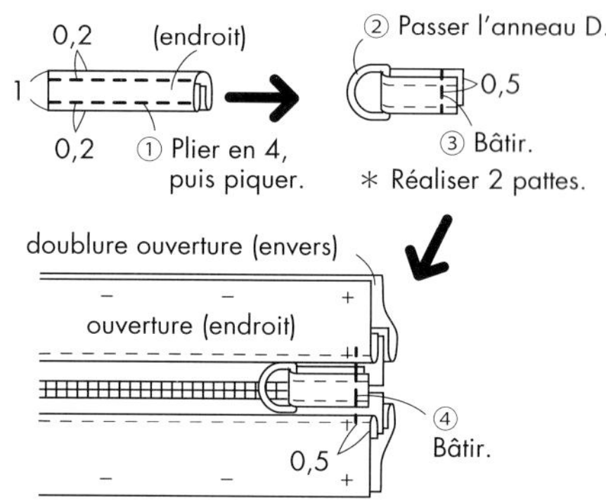

* Coudre l'autre côté de la même manière.

4. Assembler les pièces côtés/fond et ouverture.

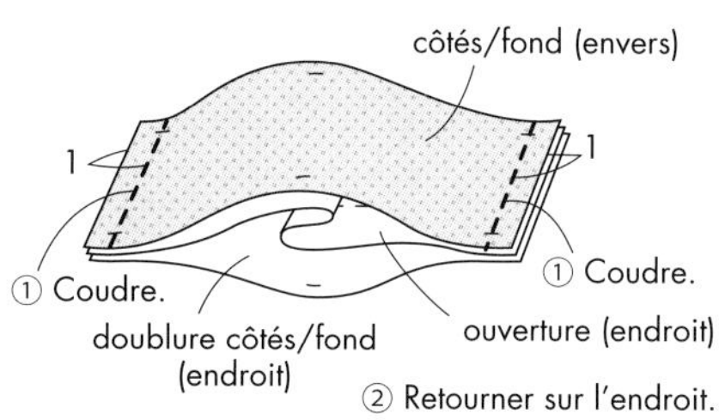

5. Bâtir les bords de la pièce d'ouverture/côtés/fond.

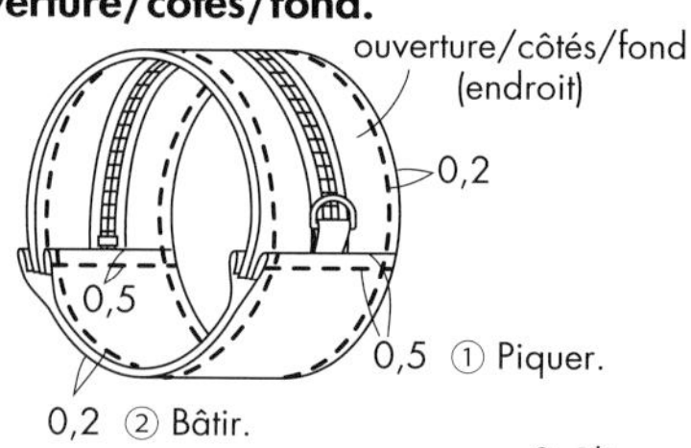

6. Assembler les corps de la pochette et la pièce d'ouverture/côtés/fond.

* Voir p. 66, étape **3** avec la marge de 0,7 cm pour l'étape ②.

7. Recouvrir les marges avec le biais.

* Voir p. 66, étape **4** avec la marge de 0,6 cm pour l'étape ①.

Pochette terminée

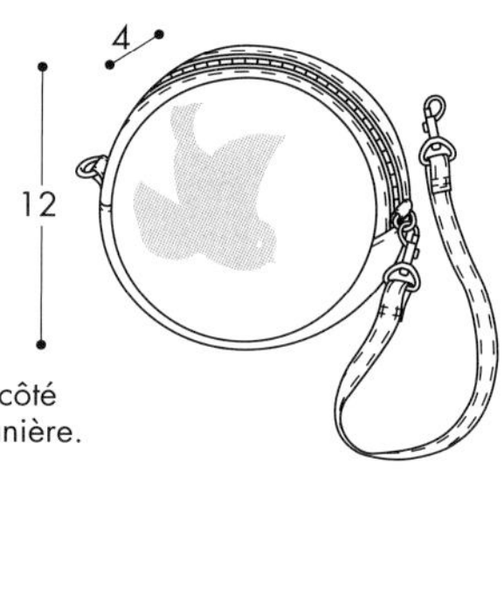

8. Réaliser la bandoulière.

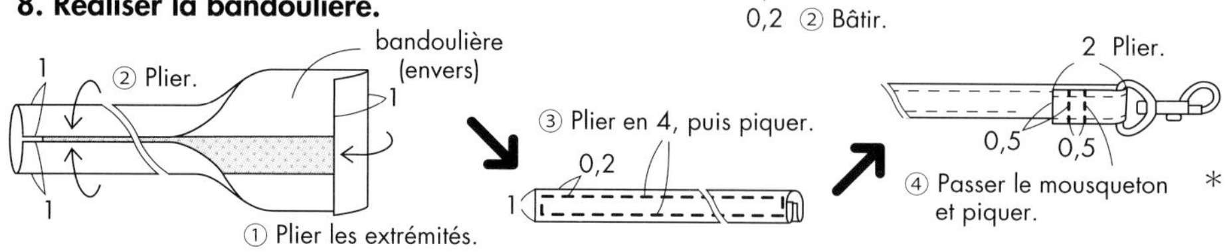

* Coudre l'autre côté de la même manière.

Pochette arrondie Photo : p. 18

Dimensions
10 x 10 x 4 cm
(largeur x hauteur x soufflet)

Gabarit en taille réelle dans l'encart face 1
B-1. corps de la pochette

Fournitures
16 x 26 cm de coton imprimé
20 x 26 cm de coton à pois
14 x 24 cm de molleton thermocollant
1 fermeture à glissière en plastique de 20 cm de long

Plans de coupe

Coton imprimé

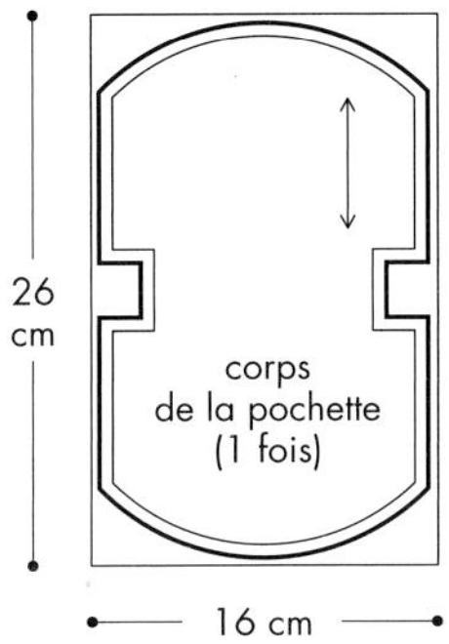

Coton à pois

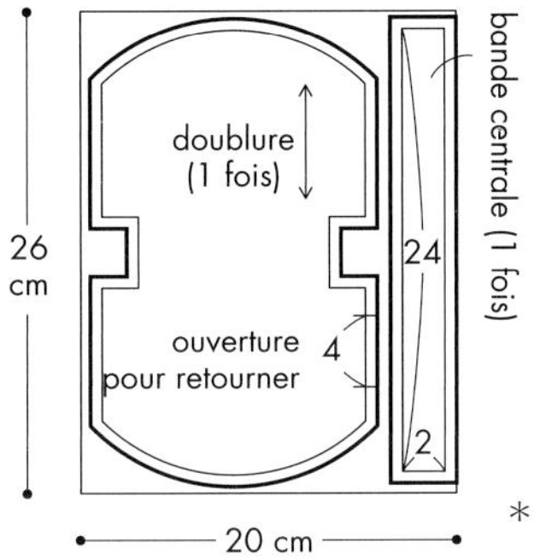

* Ajouter 0,7 cm de marge de couture.

Molleton thermocollant

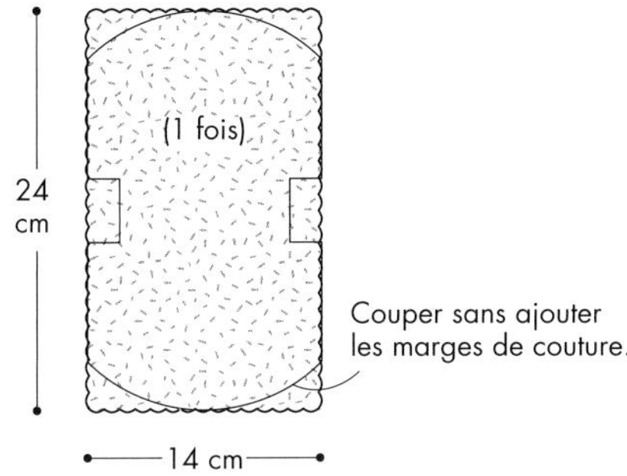

Réalisation

1. Coudre la bande centrale.

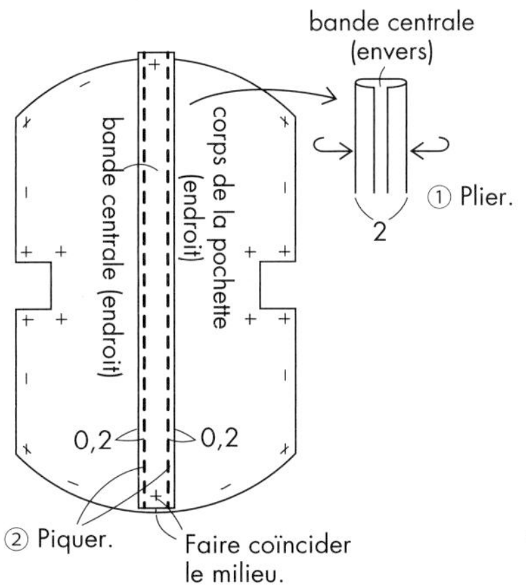

2. Thermocoller le molleton.

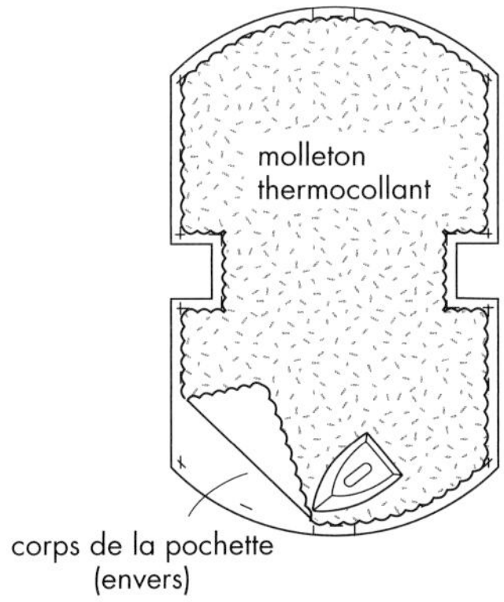

3. Coudre la fermeture à glissière.

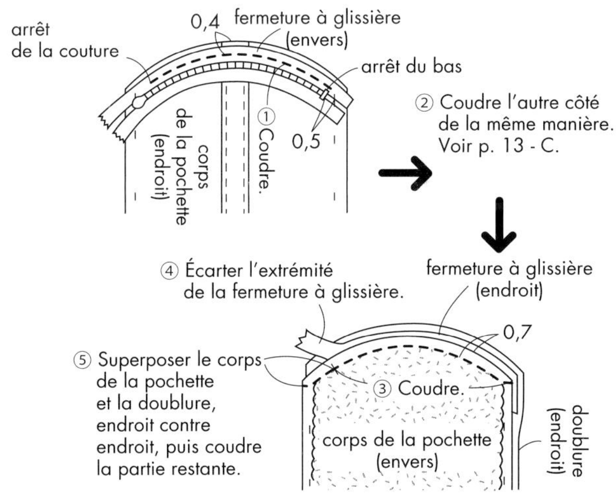

* Coudre l'autre côté de la même manière.

4. Coudre les côtés.

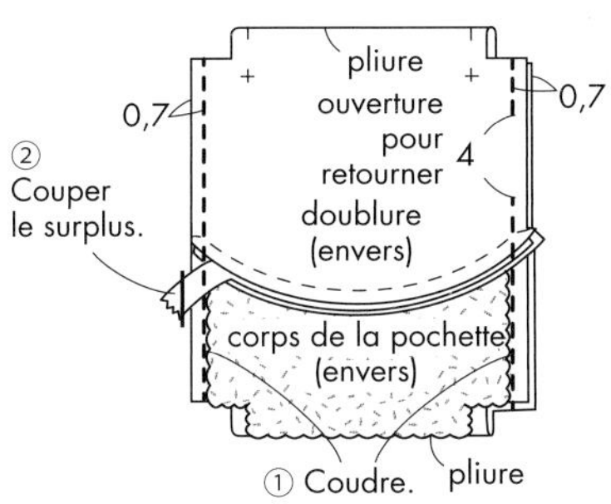

5. Coudre les soufflets.

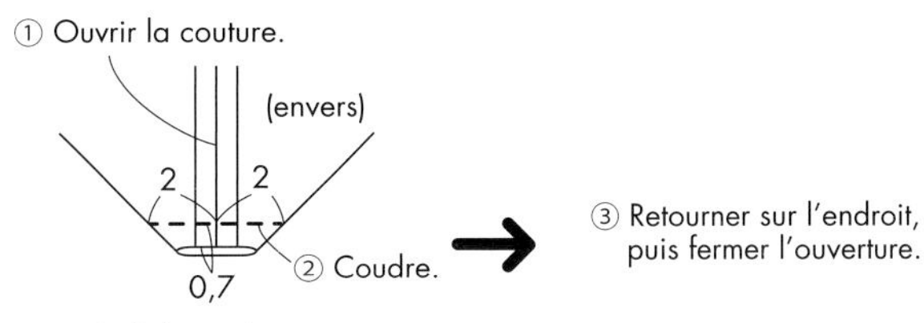

* Rabattre les marges vers le fond.

Pochette terminée

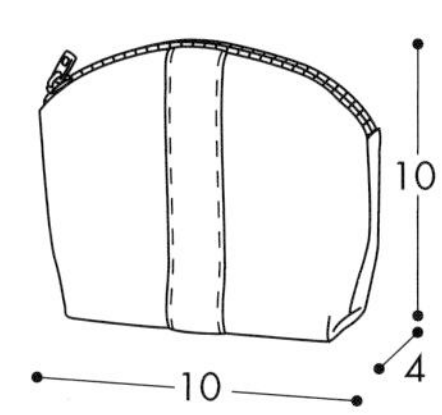

Étuis à lunettes

Photo : p. 20

Dimensions
environ 20 x 10 x 7,6 cm
(largeur x hauteur x soufflet, sans anse)

Gabarit en taille réelle dans l'encart face 1
D-1. corps de l'étui

Fournitures
Modèle A (avec anse)
25 x 30 cm de Liberty
38 cm de gros-grain de 1,7 cm de long
2 boutons-pression de ø 1,3 cm
Modèle B (sans anse)
25 x 30 cm de coton à rayures
Pour chaque modèle
25 x 25 cm de coton beige
25 x 50 cm de molleton thermocollant
1 fermeture à glissière « Freestyle » de 80 cm de long
ou 1 fermeture à glissière de 40 cm de long
1 curseur (en cas d'utilisation de la fermeture « Freestyle »)
20 cm de cordon ciré de ø 0,2 cm
1 perle de ø 1,4 cm

Plans de coupe

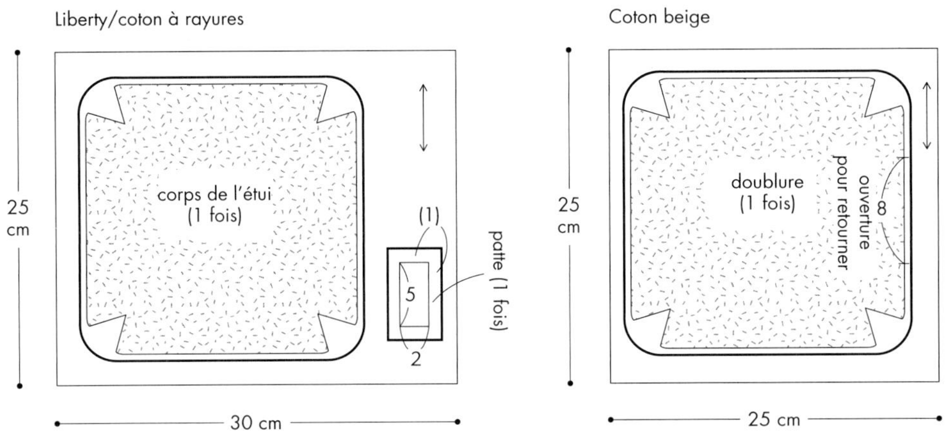

* Ajouter 0,5 cm de marge de couture, sauf indication contraire.
Les mesures entre parenthèses correspondent aux marges de couture.
* Thermocoller le molleton sur les parties indiquées en gris.

Réalisation

1. Coudre les pinces.

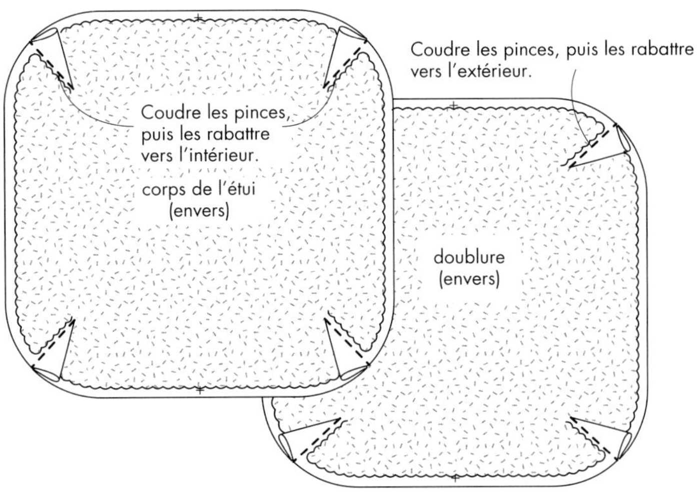

2. Réaliser l'anse (modèle A)

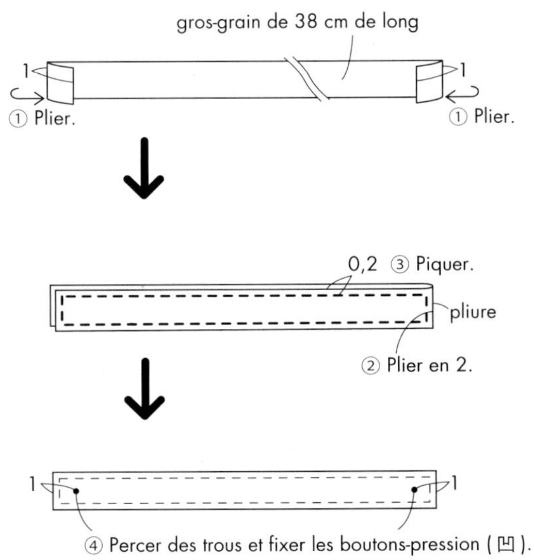

3. Coudre la fermeture à glissière.

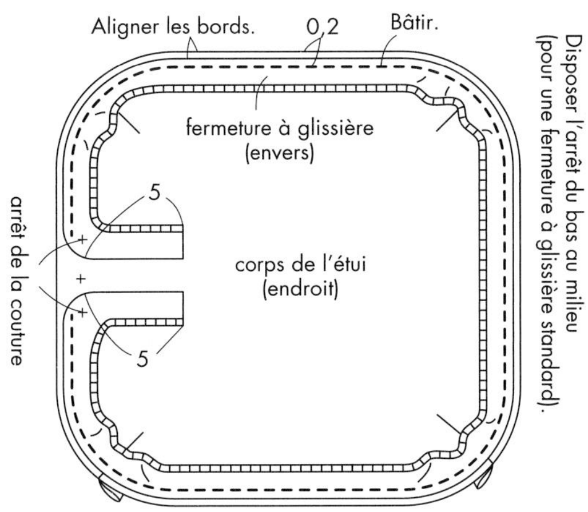

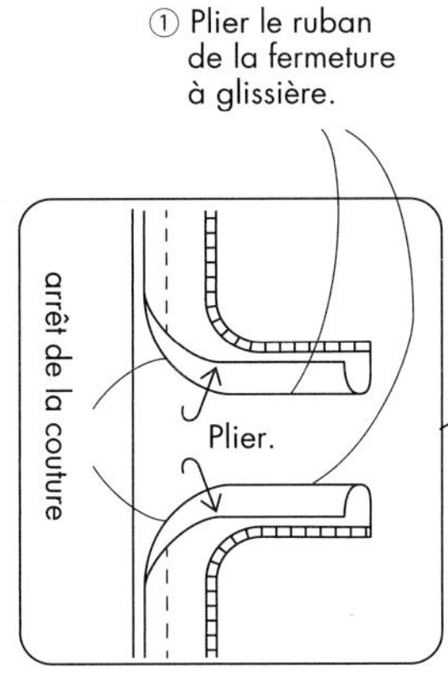

4. Assembler le corps de l'étui et la doublure.

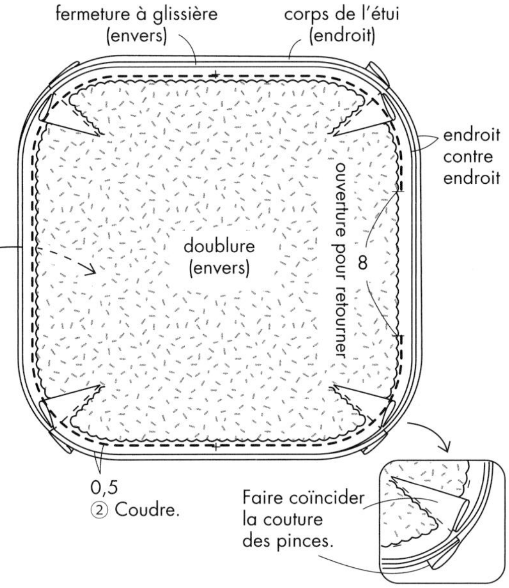

5. Retourner sur l'endroit, puis coudre le contour.

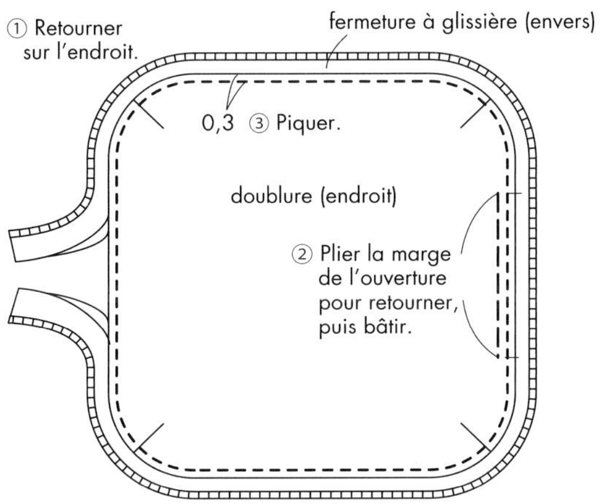

6. Fixer les boutons-pression (modèle A).

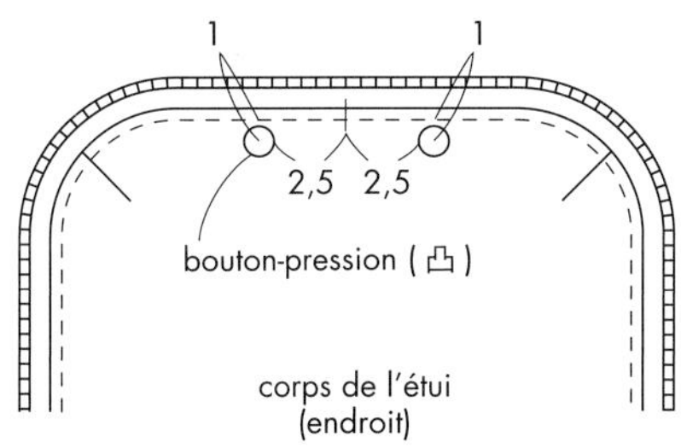

Étui terminé

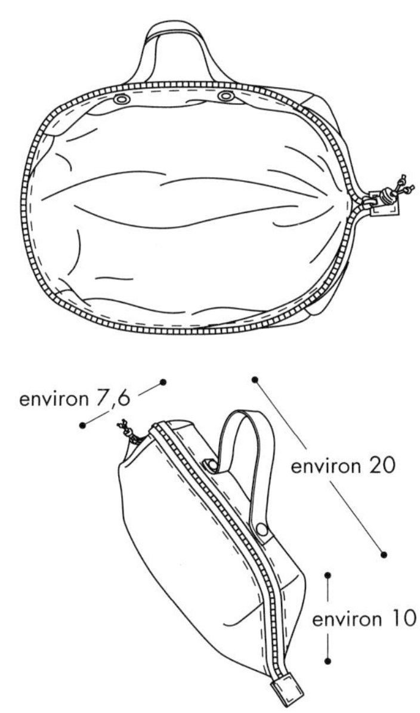

7. Fixer la pampille.

Fixer le curseur (pour une fermeture « Freestyle »).

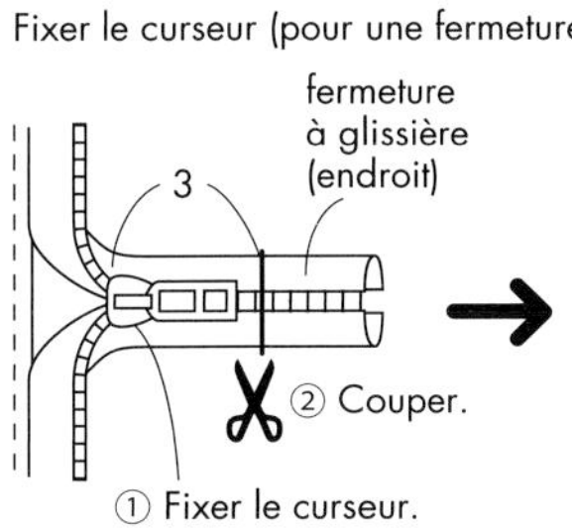

∗ Voir p. 9 pour fixer le curseur.

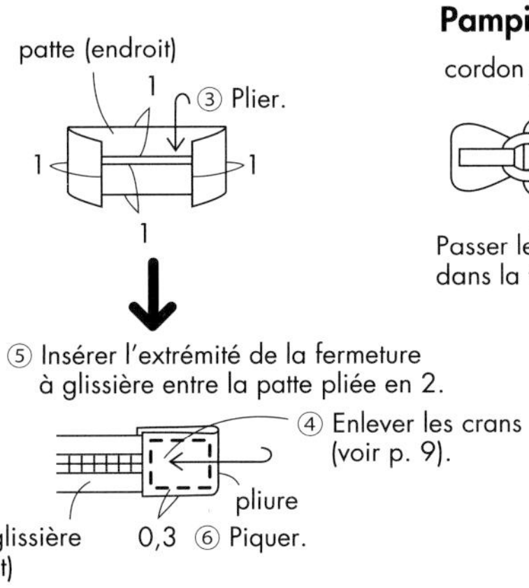

Pampille

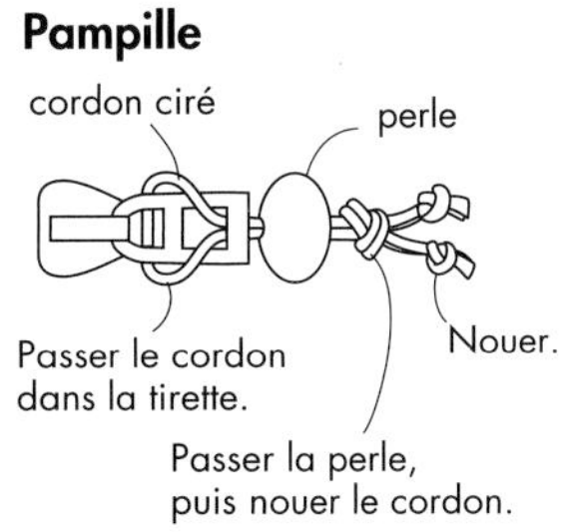

Porte-monnaie Photo : p. 19

Dimensions
8 x 1,4 cm (diamètre x côté)

Gabarit en taille réelle dans l'encart face 1
C-1. corps du porte-monnaie,
C-2. côtés/fond

Fournitures
18 x 22 cm de coton à carreaux
18 x 22 cm de coton beige
18 x 22 cm de toile thermocollante
60 cm de biais préplié de 2,5 cm de large
1 fermeture à glissière métallique de 12 cm de long

Plans de coupe

Coton à carreaux

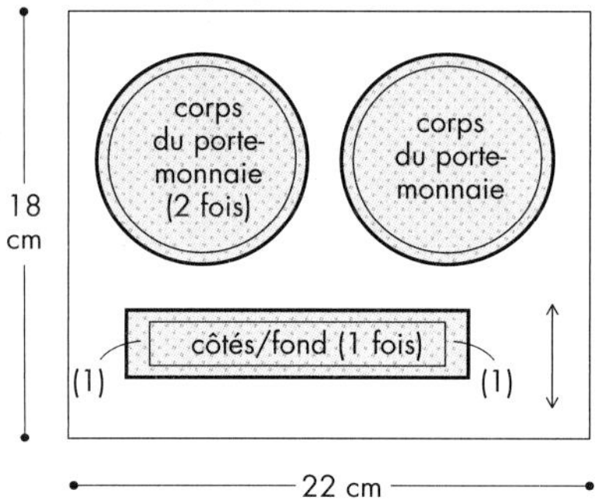

Coton beige

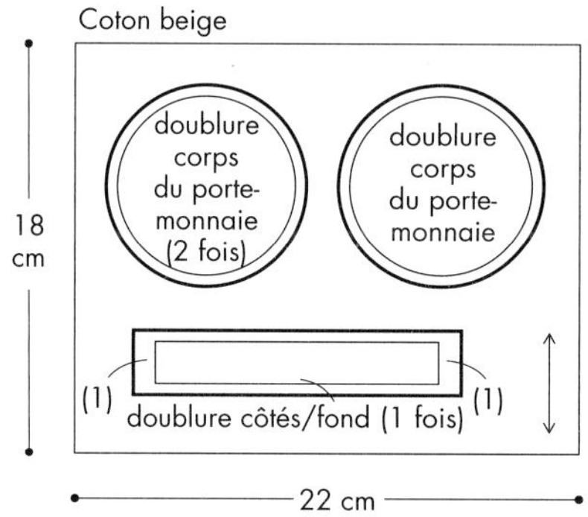

* Ajouter 0,5 cm de marge de couture, sauf indication contraire.
Les mesures entre parenthèses correspondent aux marges de couture.
* Thermocoller les parties indiquées en gris.

Réalisation

1. Coudre la fermeture à glissière et la pièce côtés/fond.

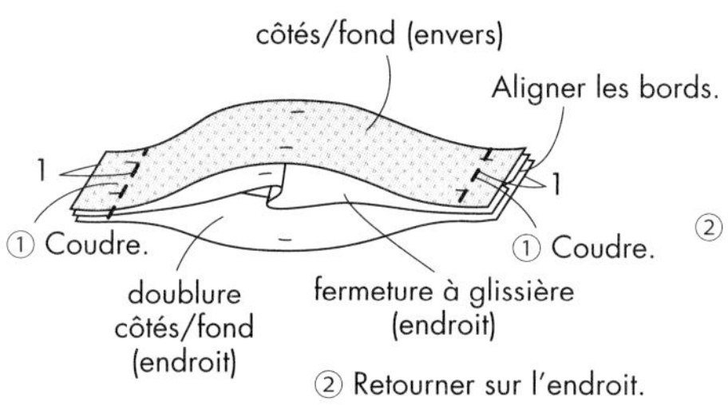

2. Bâtir les bords de la pièce côtés/fond.

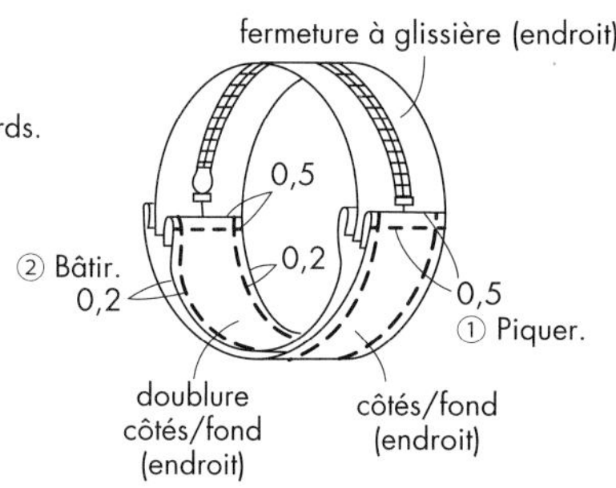

3. Assembler les corps du porte-monnaie et la pièce d'ouverture/côtés/fond.

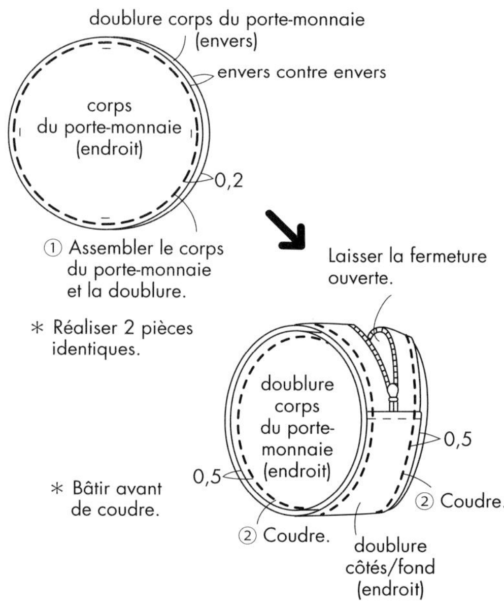

4. Recouvrir les marges avec le biais.

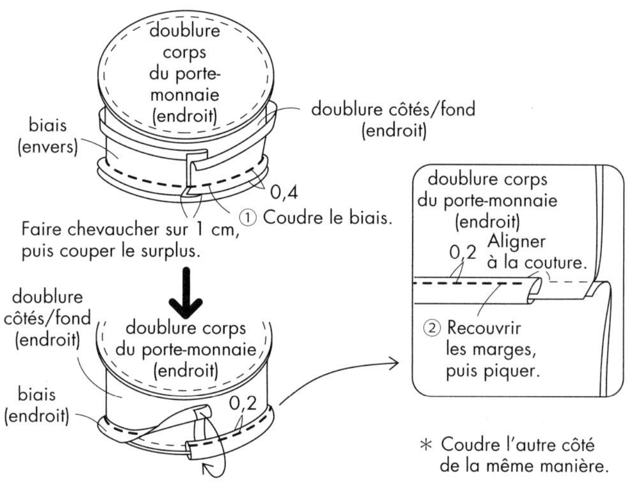

* Coudre l'autre côté de la même manière.

Porte-monnaie terminé

5. Retourner sur l'endroit.

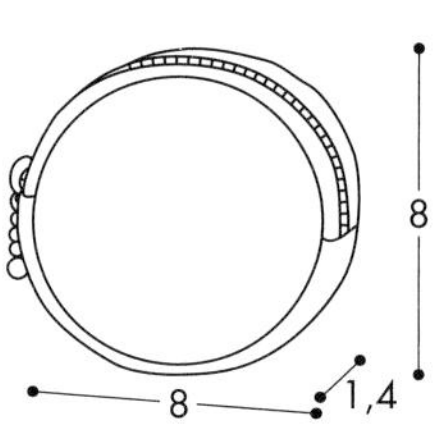

Pochettes carrées A, B et C Photo : p. 22

Dimensions
17 x 16 cm (largeur x hauteur)

Fournitures (identiques pour tous les modèles, sauf la toile thermocollante et le molleton thermocollant)
19 x 33,4 cm de lin à fleurs
19 x 33,4 cm de coton jaune clair
1 fermeture à glissière métallique de 16 cm de long
19 x 33,4 cm de toile thermocollante (modèle B)
19 x 33,4 cm de molleton thermocollant (modèle C)

Plans de coupe

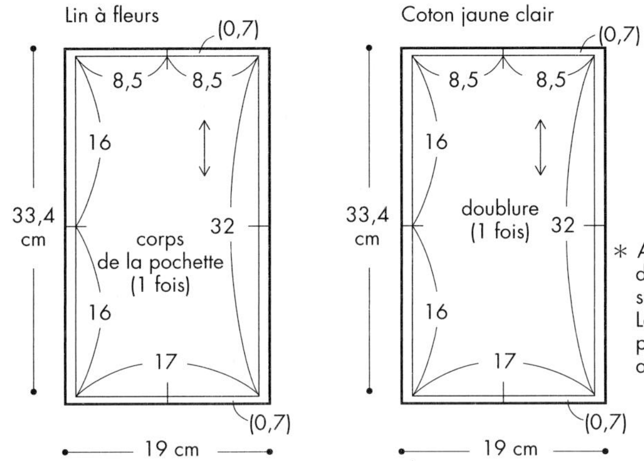

* Ajouter 1 cm de marge de couture, sauf indication contraire. Les mesures entre parenthèses correspondent aux marges de couture.

※ Thermocoller le corps de la pochette des modèles B et C.

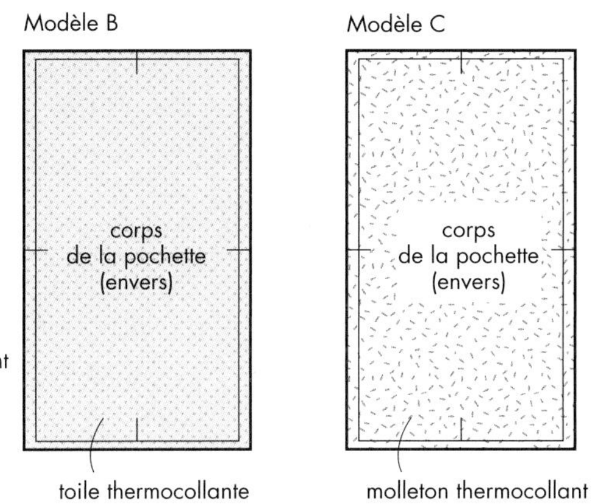

Réalisation

1. Coudre la fermeture à glissière

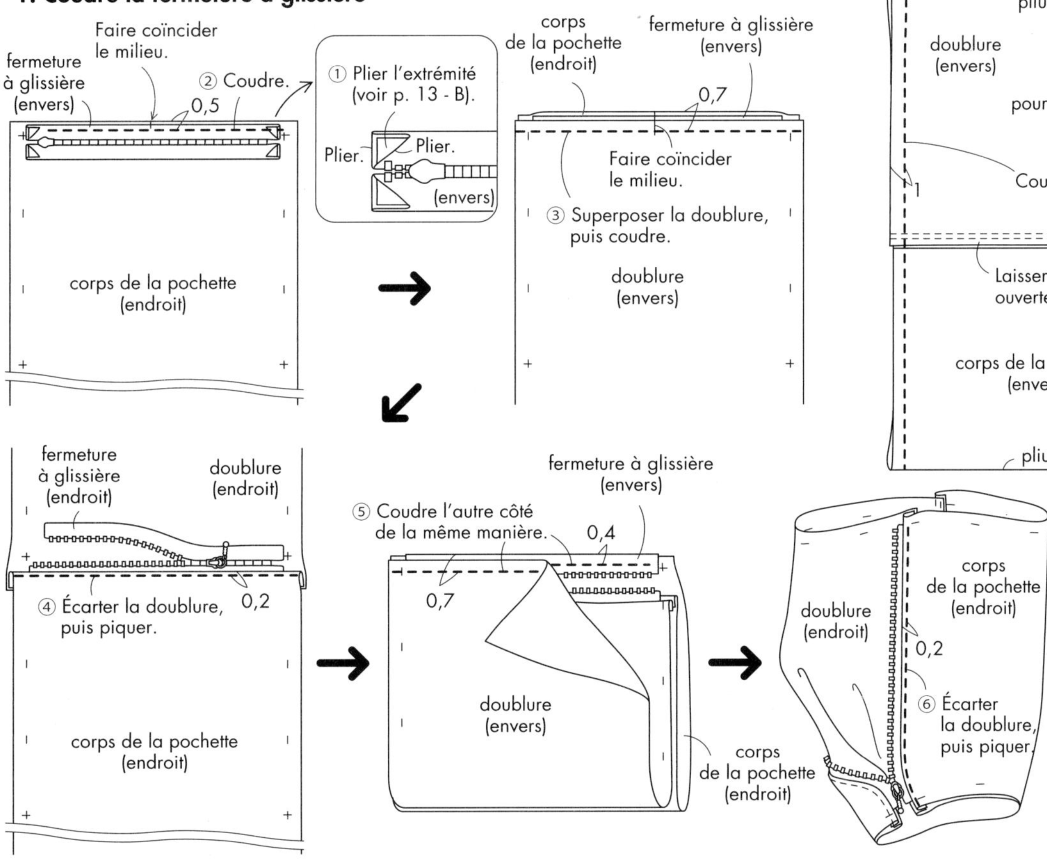

2. Coudre les côtés.

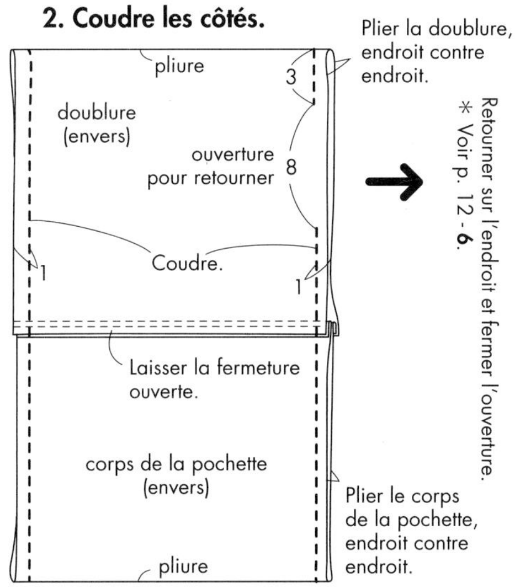

* Retourner sur l'endroit et fermer l'ouverture. Voir p. 12 - 6.

Pochette terminée

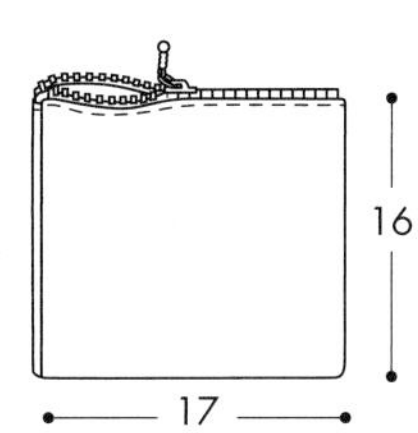

Pochette zippée A Photo : p. 24

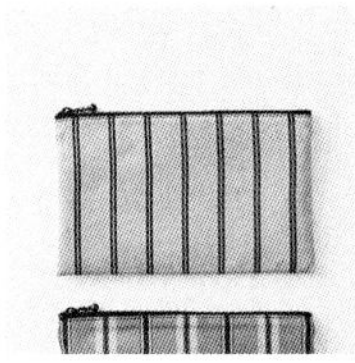

Dimensions
21 x 13 cm (largeur x hauteur)

Fournitures
23 x 28 cm de twill à rayures
23 x 28 cm de coton jaune clair
23 x 28 cm de toile thermocollante
1 fermeture à glissière métallique de 20 cm de long

Plans de coupe

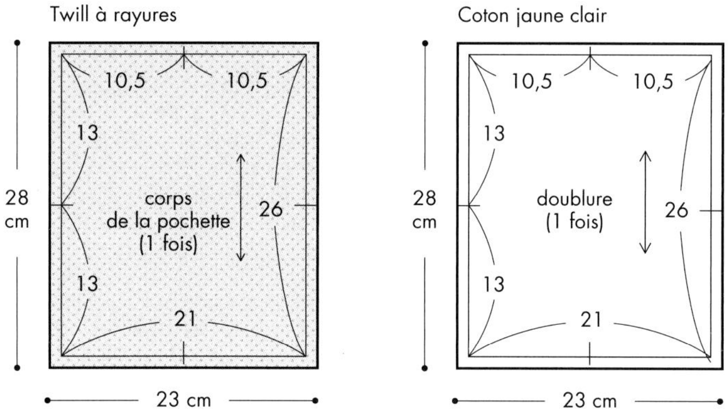

* Ajouter 1 cm de marge de couture.
* Thermocoller la partie indiquée en gris.

Réalisation

1. Coudre la fermeture à glissière.

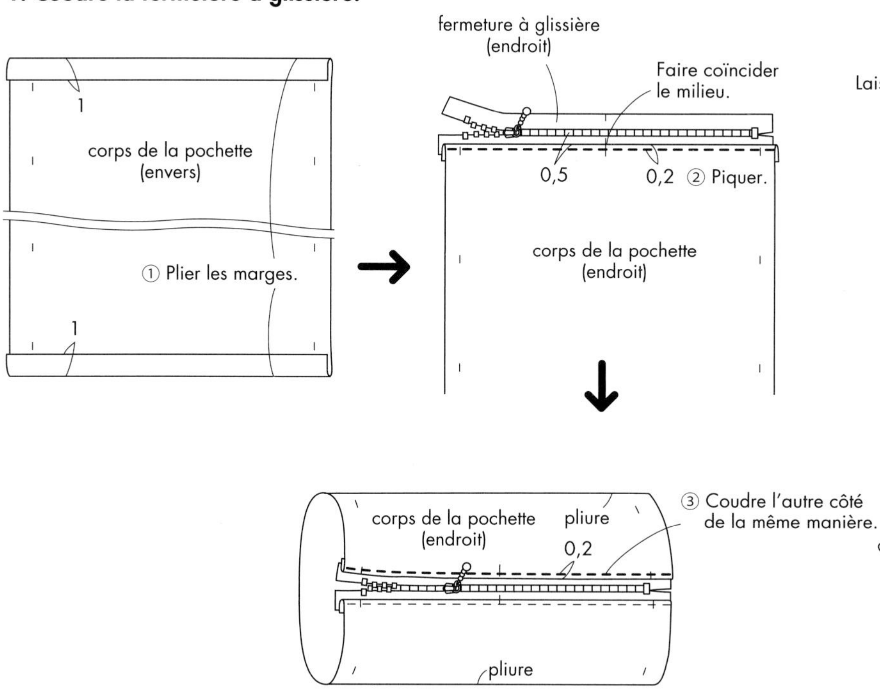

2. Coudre les côtés.

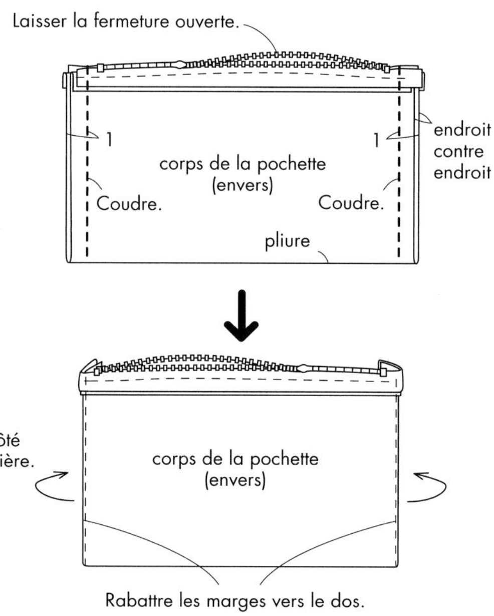

3. Réaliser la doublure.

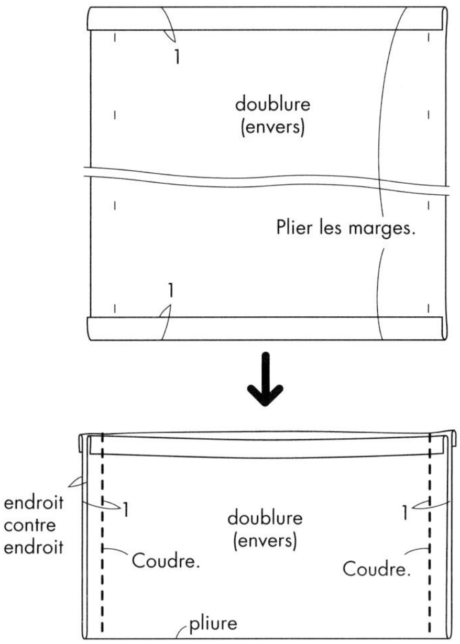

4. Superposer la pochette et la doublure, envers contre envers, puis coudre la doublure sur les rubans de la fermeture à glissière.

* Voir p. 25 et 57.

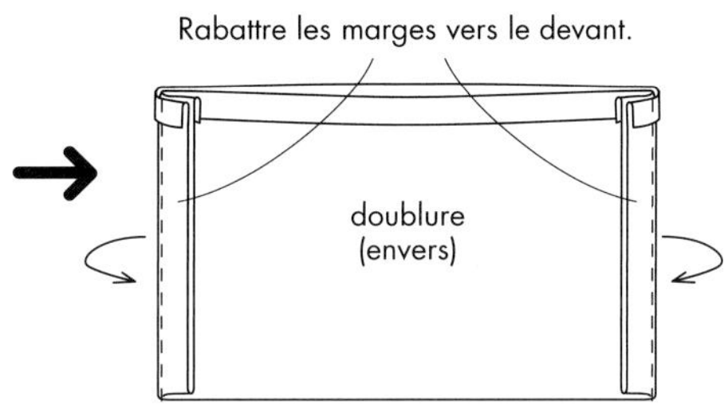

Pochette terminée

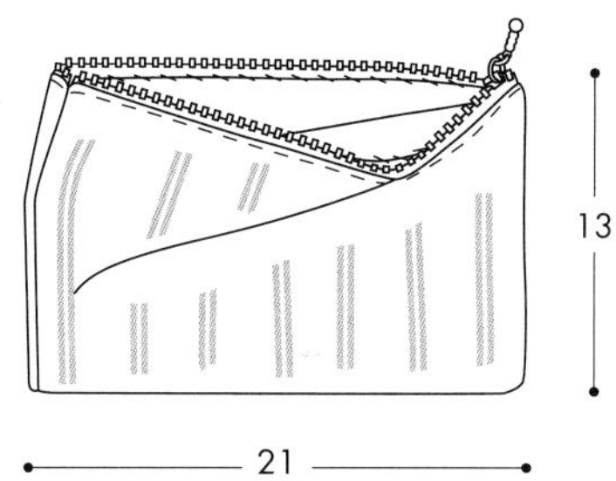

Pochette zippée B

Photo : p. 24

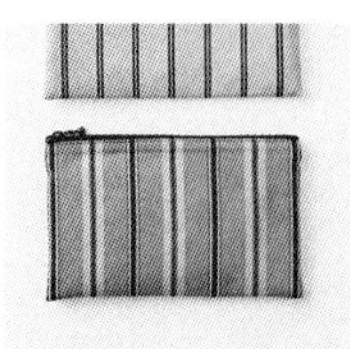

Dimensions

21 x 13 cm (largeur x hauteur)

Fournitures

23 x 27,4 cm de twill à rayures
23 x 27,4 cm de coton bleu clair
23 x 27,4 cm de toile thermocollante
1 fermeture à glissière métallique de 20 cm de long

Plans de coupe

Twill à rayures

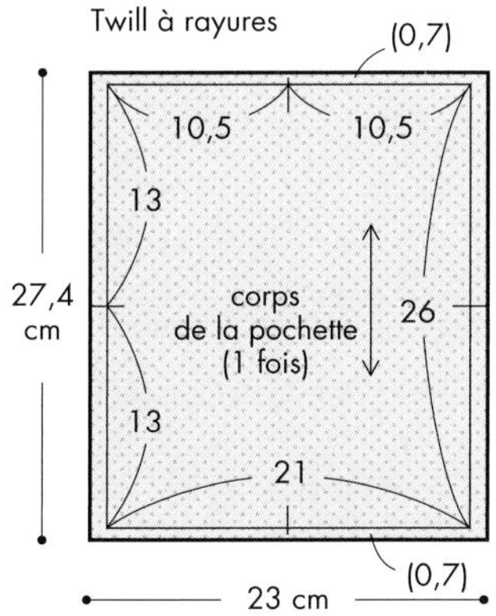

Coton bleu clair

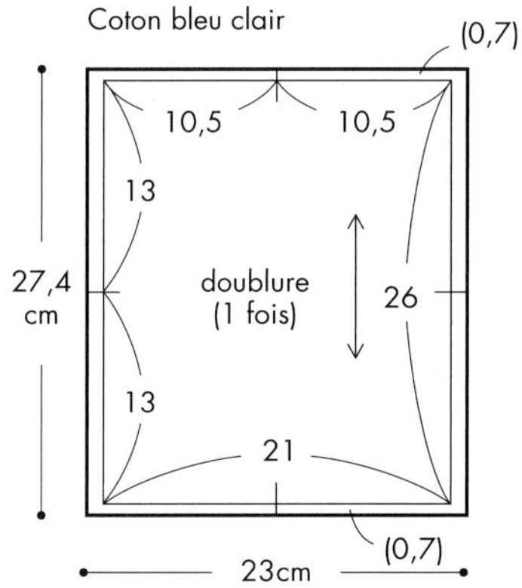

* Ajouter 1 cm de marge de couture, sauf indication contraire.
Les mesures entre parenthèses correspondent aux marges de couture.
* Thermocoller la partie indiquée en gris.

Réalisation

Coudre la doublure.

* Voir p. 10 à 12.

Pochette terminée

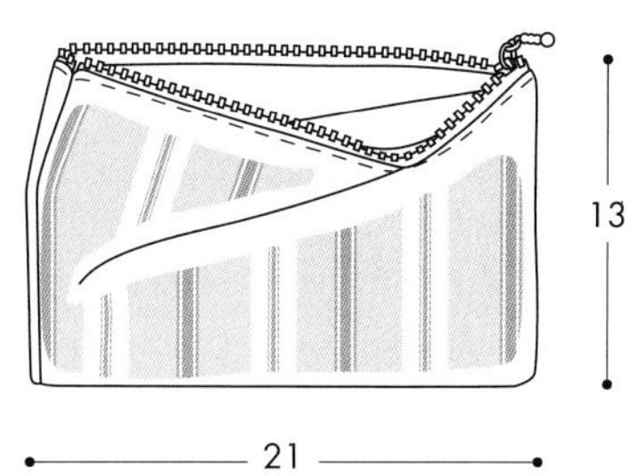

Pochette rectangulaire A Photo : p. 26

Dimensions
18 x 14 x 6 cm
(largeur x hauteur x soufflet)

Gabarit en taille réelle dans l'encart face 1
E-1. corps de la pochette

Fournitures
35 x 45 cm de lin jaune
35 x 70 cm de coton vert
20 x 65 cm de vichy
35 x 45 cm de toile thermocollante
1 fermeture à glissière en nylon de 30 cm de long
Fil à broder : or

Plans de coupe

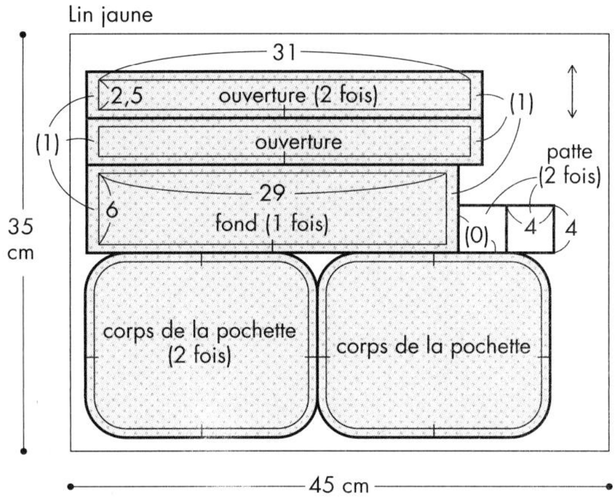

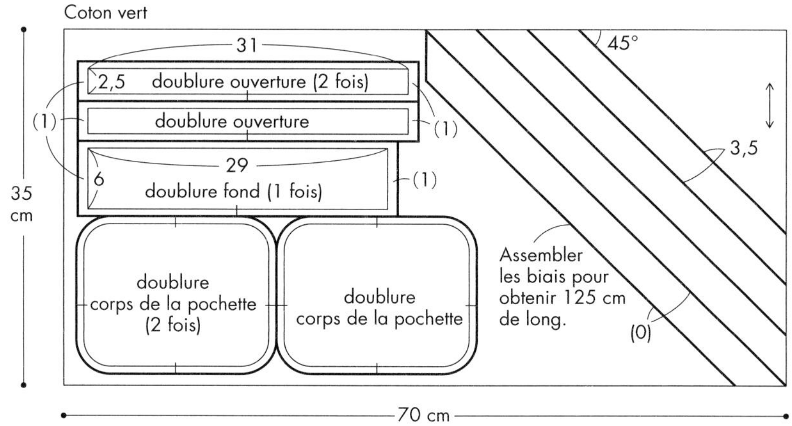

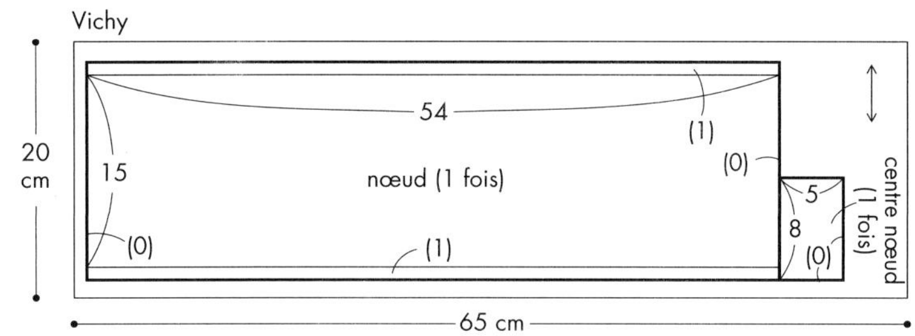

∗ Ajouter 0,7 cm de marge de couture, sauf indication contraire.
Les mesures entre parenthèses correspondent aux marges de couture.
∗ Thermocoller les parties indiquées en gris.

Réalisation

1. Réaliser la pièce ouverture/fond et les corps de la pochette.

∗ Voir p. 28 et 29 - **2**.

Réalisation des pattes

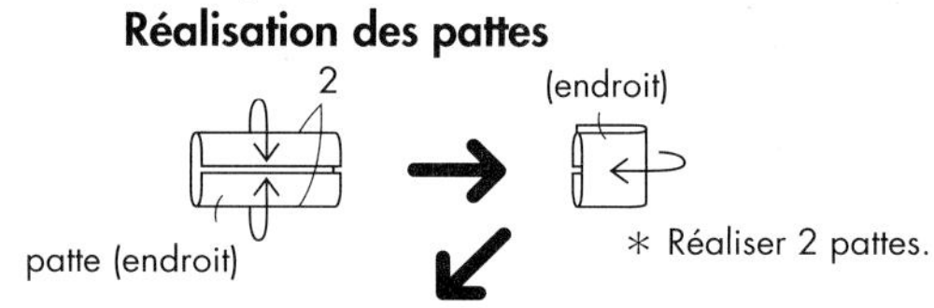

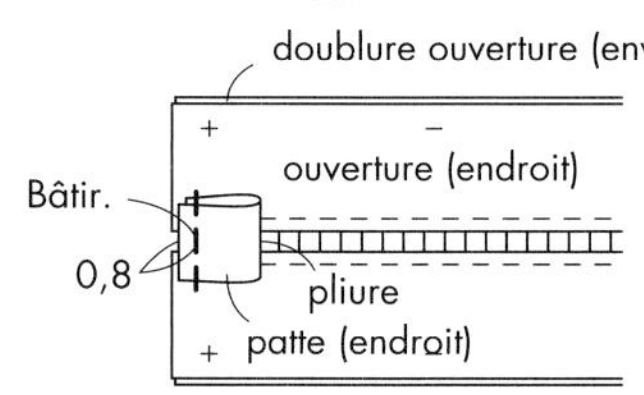

∗ Bâtir l'autre patte de la même manière.

2. Réaliser le nœud et le bâtir sur le corps de la pochette.

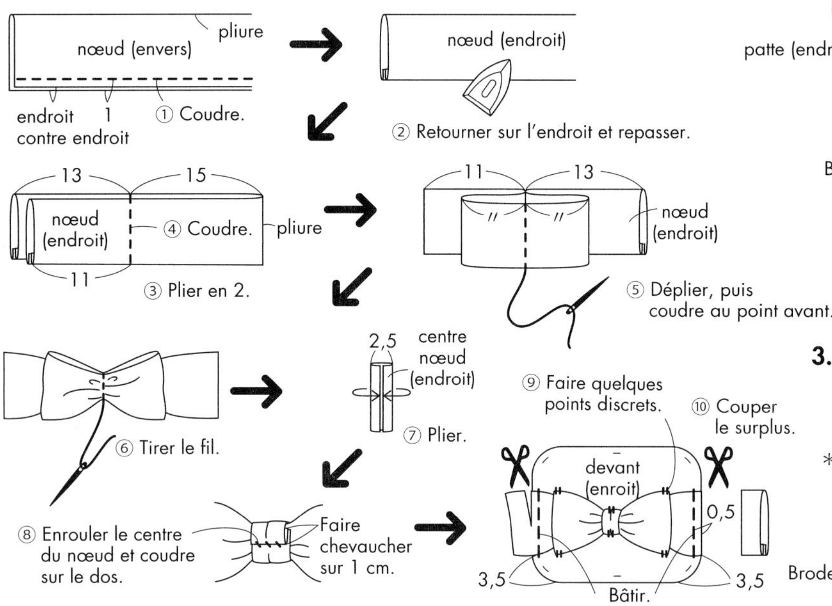

3. Coudre la doublure et recouvrir les marges.

∗ Voir p. 29 et 30 - **3** à **5**.

Pochette terminée

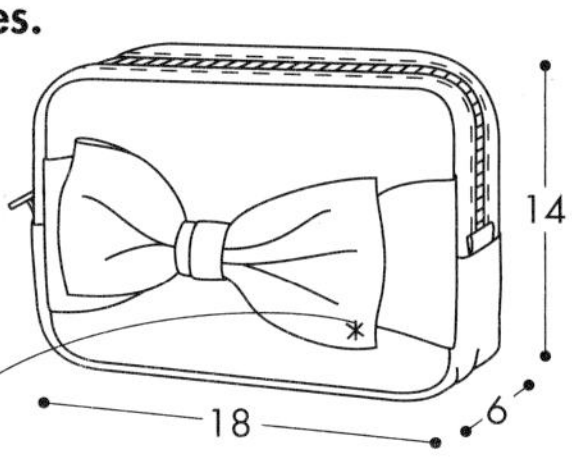

Pochette rectangulaire B Photo : p. 26

Dimensions
18 x 14 x 6 cm
(largeur x hauteur x soufflet)

Gabarit en taille réelle dans l'encart face 1
E-1. corps de la pochette

Fournitures
30 x 45 cm de coton imprimé
35 x 45 cm de polyester gris
15 x 45 cm de simili cuir bordeaux
30 x 45 cm de toile thermocollante
1 fermeture à glissière métallique de 30 cm de long
1 embout de ø 0,8 cm x 1,3 cm

Plans de coupe

Coton imprimé

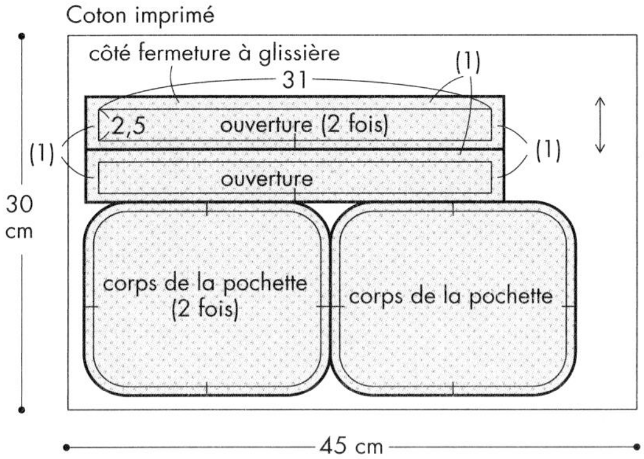

Polyester gris

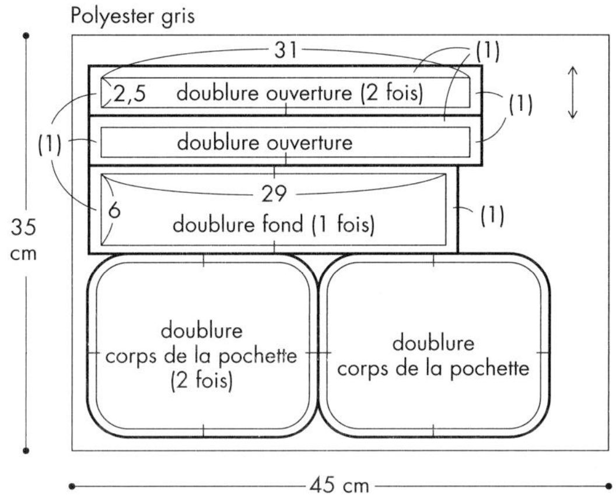

* Ajouter 0,7 cm de marge de couture, sauf indication contraire. Les mesures entre parenthèses correspondent aux marges de couture.
* Thermocoller les parties indiquées en gris.

Simili cuir bordeaux

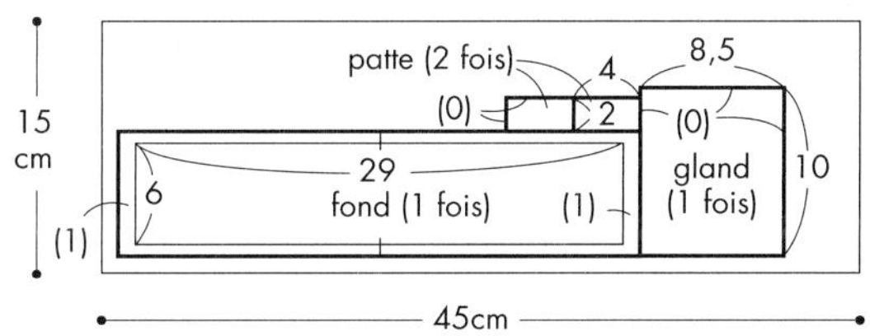

Réalisation

1. Coudre la fermeture à glissière.

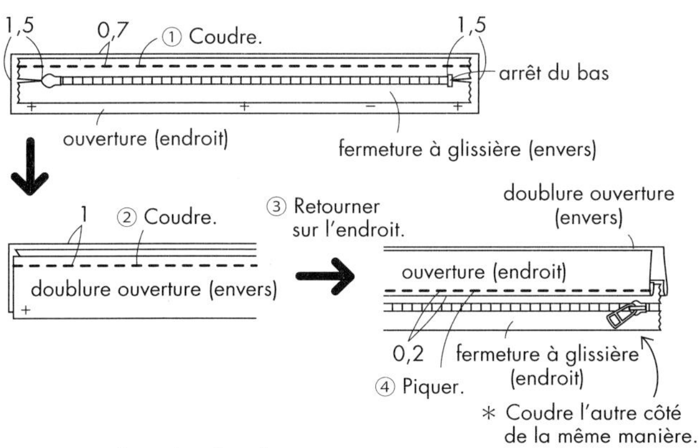

2. Insérer les pattes, puis assembler la pièce ouverture et fond.

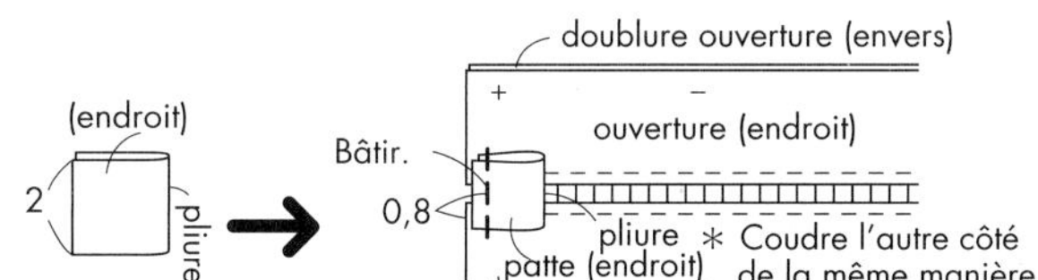

3. Assembler les corps de la pochette et la pièce de l'ouverture/fond. Coudre la doublure.

* Voir p. 28 et 29 - **2**.

* Voir p. 31 à 33 - **2** à **4**.

4. Réaliser le gland.

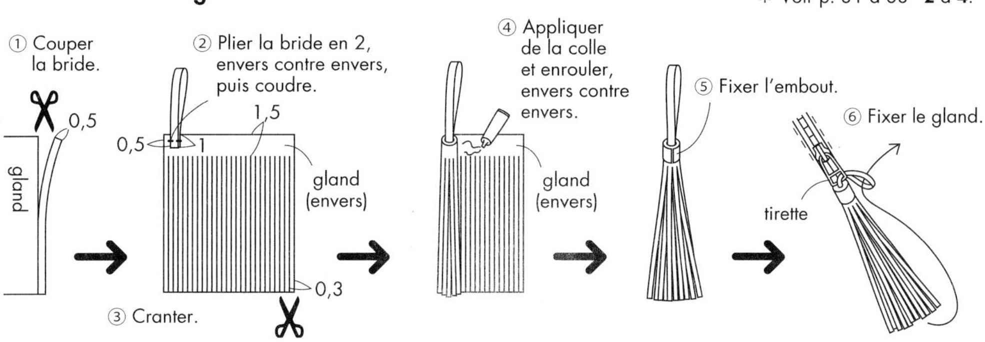

Pochette terminée

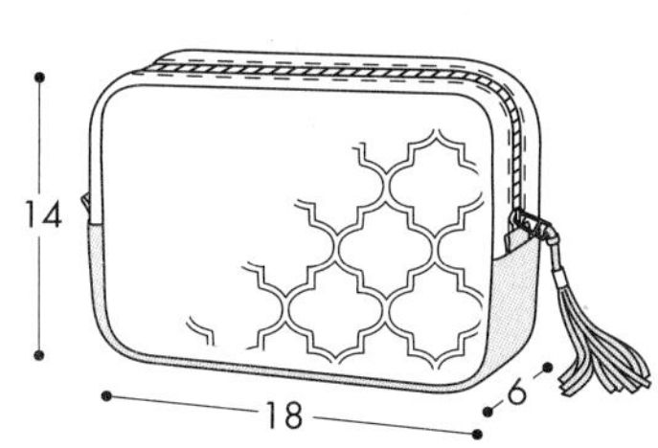

Pochette en canvas Photo : p. 34

Dimensions
15 x 13,5 x 3 cm
(largeur x hauteur x soufflet)

Fournitures
20 x 35 cm de canvas bleu-vert
1 fermeture à glissière en nylon de 20 cm de long
8 strass thermocollants « étoile » de ø 1,5 cm

Plan de coupe

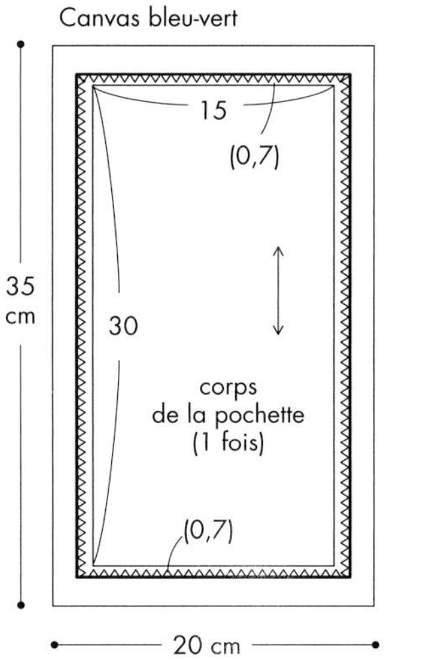

∗ Ajouter 1 cm de marge de couture, sauf indication contraire. Les mesures entre parenthèses correspondent aux marges de couture.
∗ Surfiler les parties indiquées en zigzag.

Réalisation

1. Coudre la fermeture à glissière.

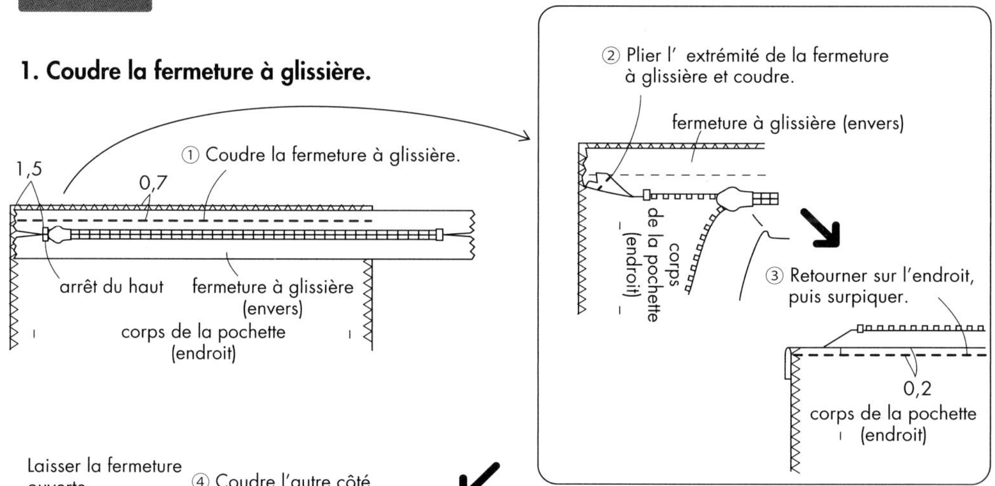

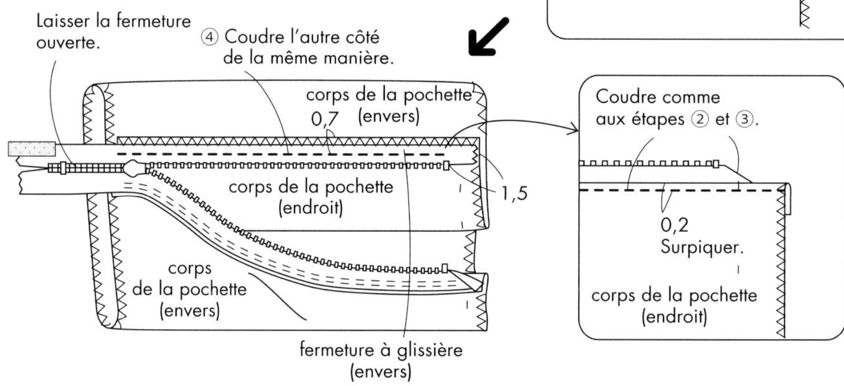

2. Coudre les côtés.

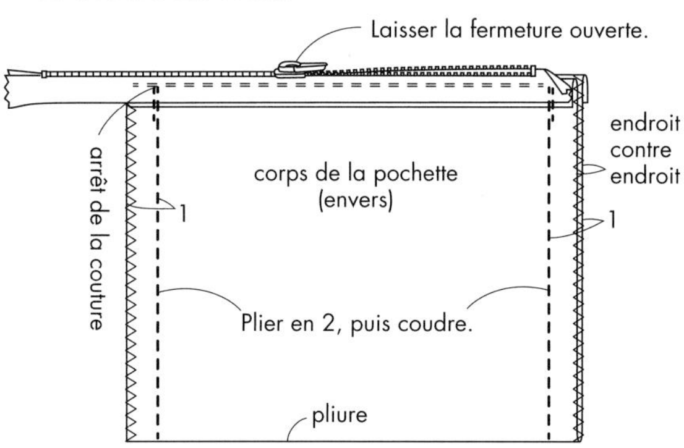

3. Coudre les soufflets.

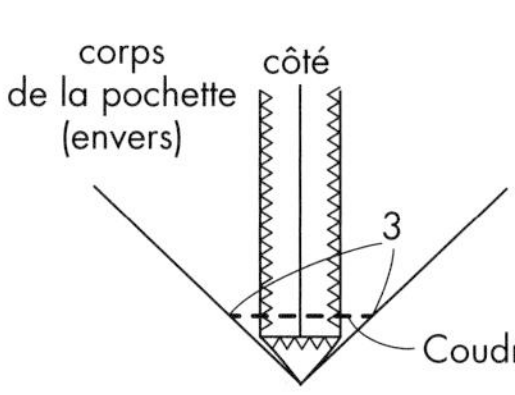

→ Retourner sur l'endroit.

4. Thermocoller les strass.

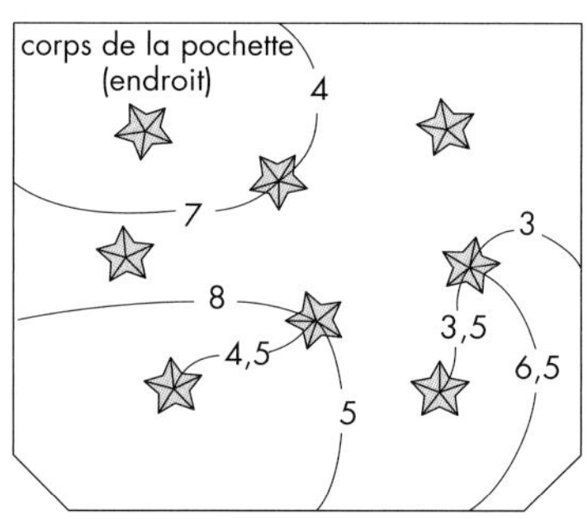

Thermocoller les strass.

Pochette terminée

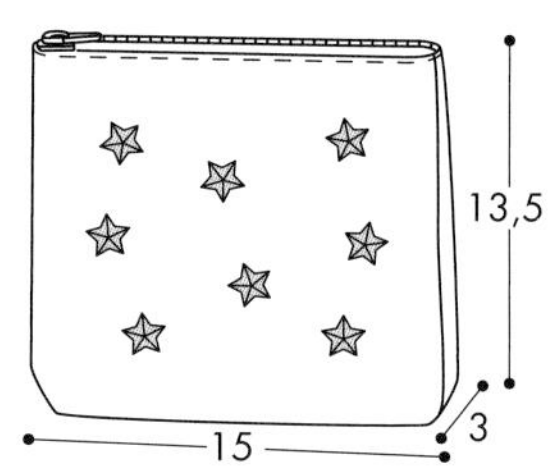

Pochette en Tyvek Photo : p. 35

Dimensions
15 x 13,5 x 3 cm
(largeur x hauteur x soufflet, hors poignée)

Fournitures
20 x 35 cm de Tyvek blanc
1 fermeture à glissière en nylon de 20 cm de long
40 cm de ruban sergé rouge de 1,5 cm de large
1 bouton-pression de ø 1,3 cm

Plan de coupe

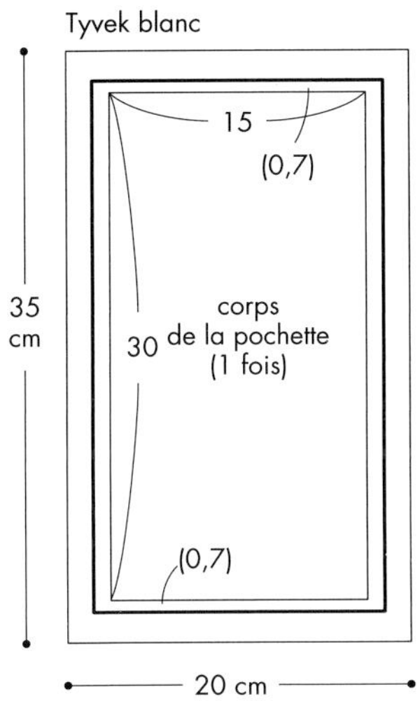

∗ Ajouter 1 cm de marge de couture, sauf indication contraire.
Les mesures entre parenthèses correspondent aux marges de couture.

Réalisation

1. Coudre la fermeture à glissière.

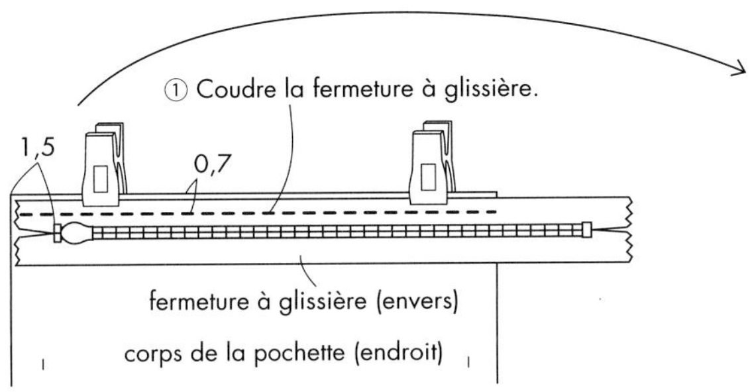

∗ Utiliser les pinces pour maintenir les tissus (voir p. 38 et 39).

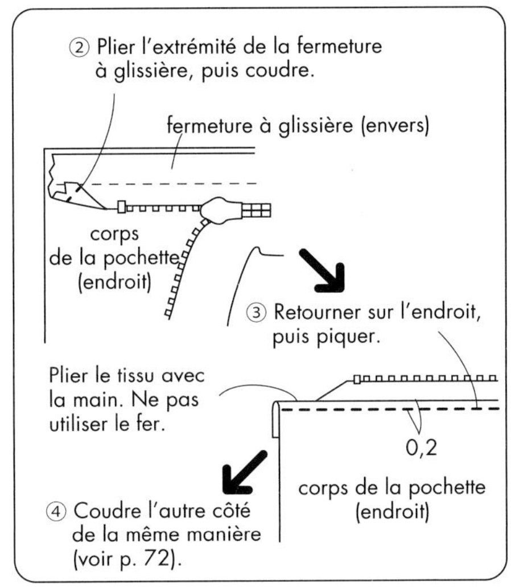

2. Bâtir la poignée et la patte.

Réalisation de la poignée

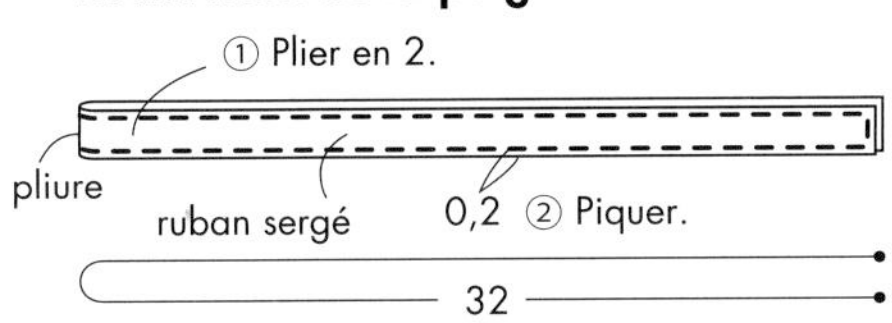

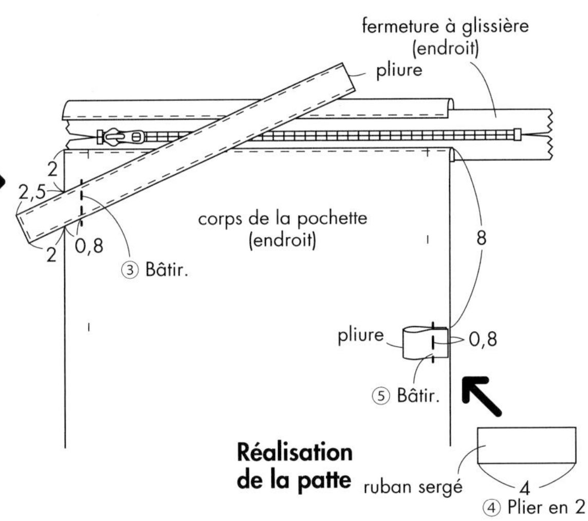

Réalisation de la patte

3. Coudre les côtés. ∗ Voir p. 72.

4. Coudre les soufflets. ∗ Voir p. 72.

5. Fixer le bouton-pression.

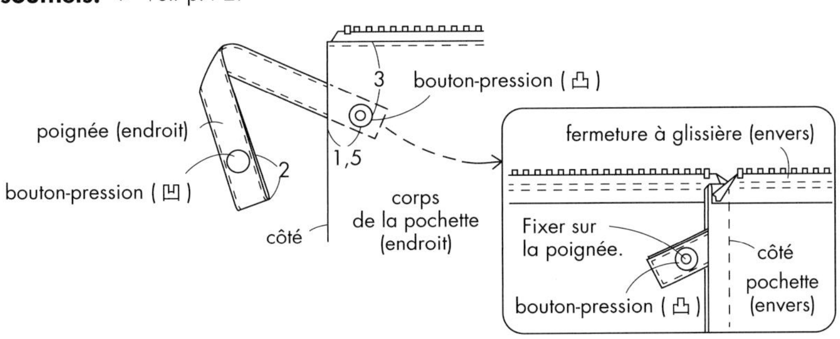

Pochette terminée

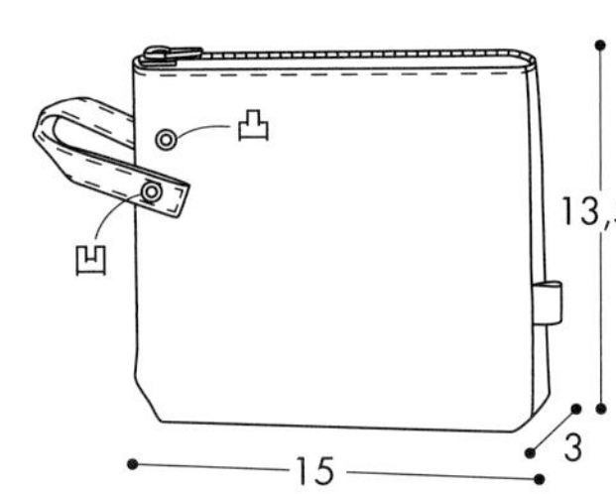

Pochette en vinyle

Photo : p. 35

Dimensions
35 x 13,5 x 3 cm
(largeur x hauteur x soufflet)

Fournitures
20 x 30 cm de vinyle de 3 mm d'épaisseur
15 x 45 cm de toile cirée à rayures
10 x 40 cm de toile thermocollante
1 fermeture à glissière transparente de 20 cm de long
44 cm de ruban de satin de 0,5 cm de large

Plans de coupe

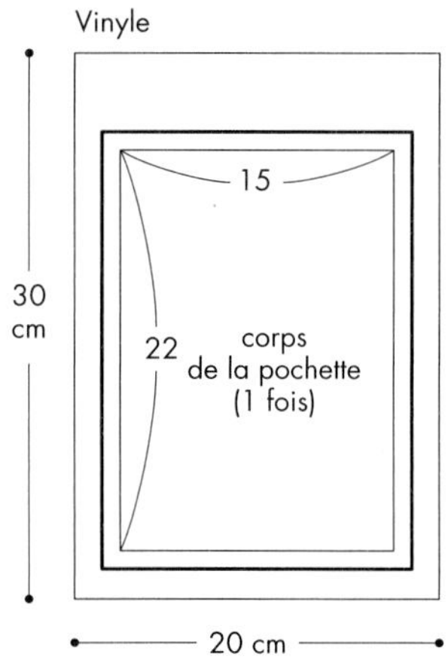

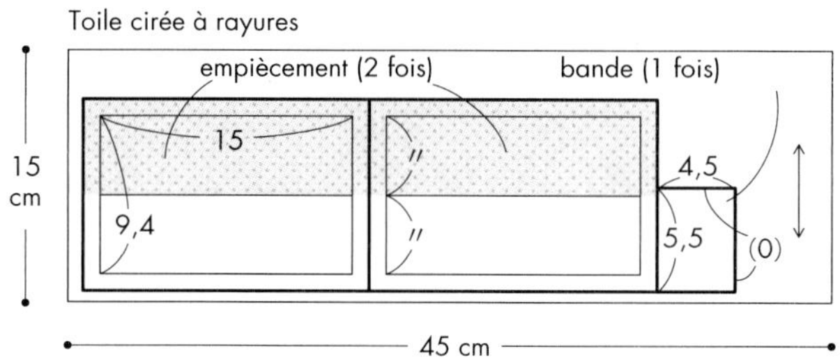

* Ajouter 1 cm de marge de couture, sauf indication contraire.
Les mesures entre parenthèses correspondent aux marges de couture.
* Thermocoller les parties indiquées en gris.

* Utiliser le fil transparent ou de couleur claire.

* Ne pas utiliser les épingles. Maintenir les tissus à l'aide des pinces (voir p. 38 et 39).

Réalisation

1. Coudre les empiècements.

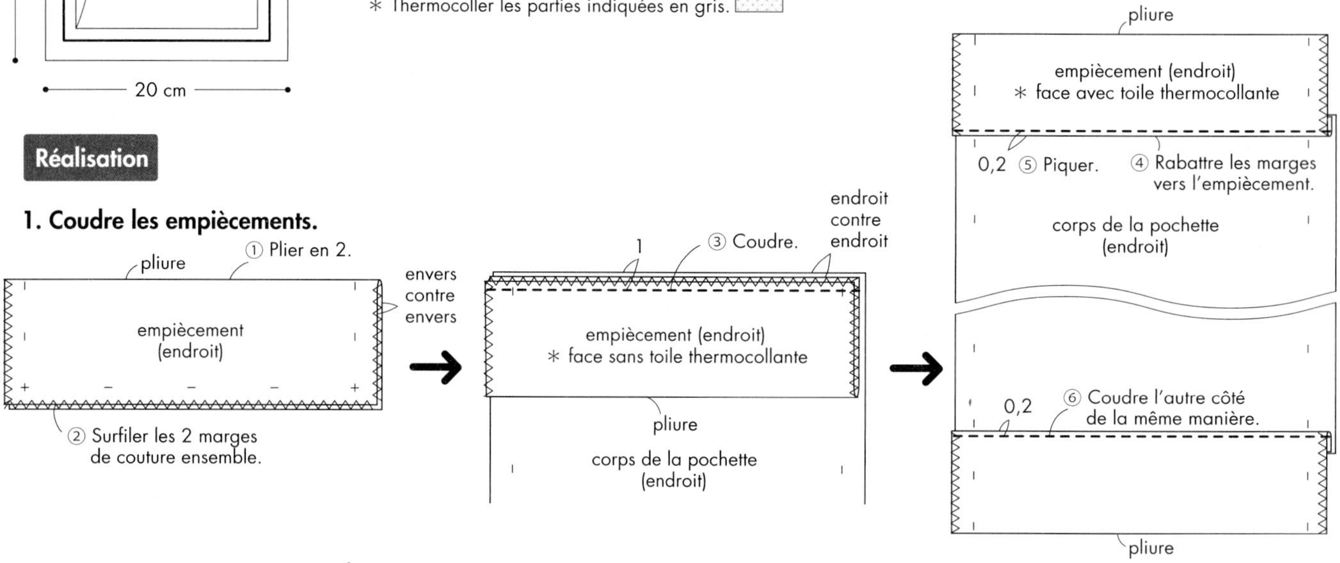

2. Coudre la fermeture à glissière.

* Voir p. 72.

3. Coudre les côtés.

* Voir p. 72.

4. Coudre les soufflets.

* Voir p. 72.

5. Recouvrir l'extrémité de la fermeture à glissière avec la bande.

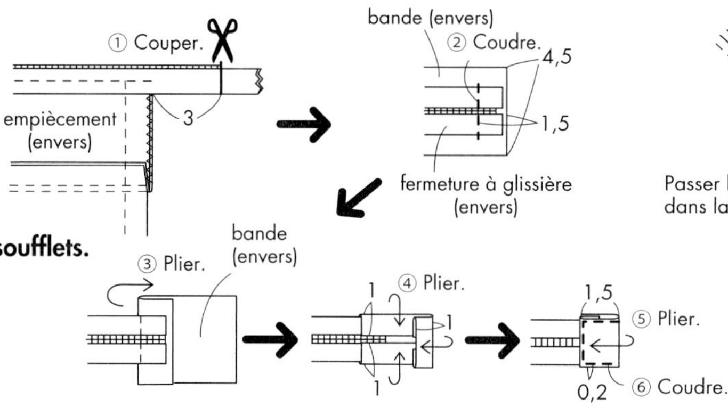

6. Fixer les rubans sur la tirette.

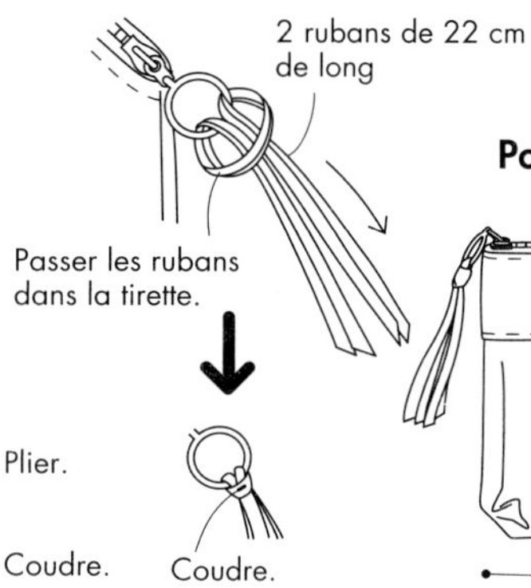

Pochette terminée

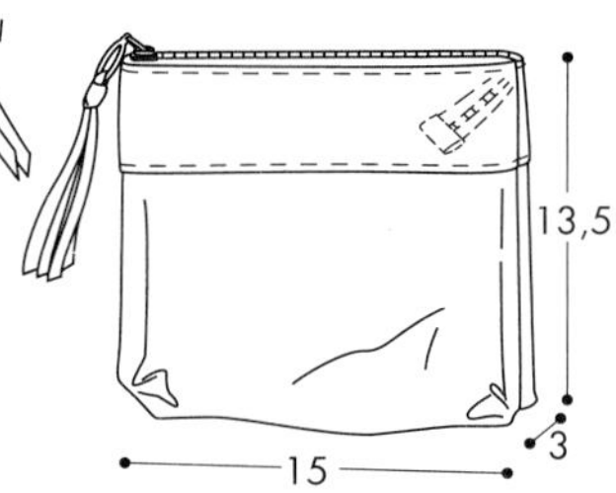

Porte-monnaie plat Photo : p. 40

Dimensions
14 x 9 cm (largeur x hauteur)

Gabarit en taille réelle dans l'encart face 2
G-1. corps du porte-monnaie

Fournitures
20 x 25 cm de lin rouge
20 x 25 cm de coton à pois
25 x 40 cm de toile thermocollante
1 fermoir porte-monnaie carré de 10,5 x 5,4 cm
Ficelle en papier

Plans de coupe

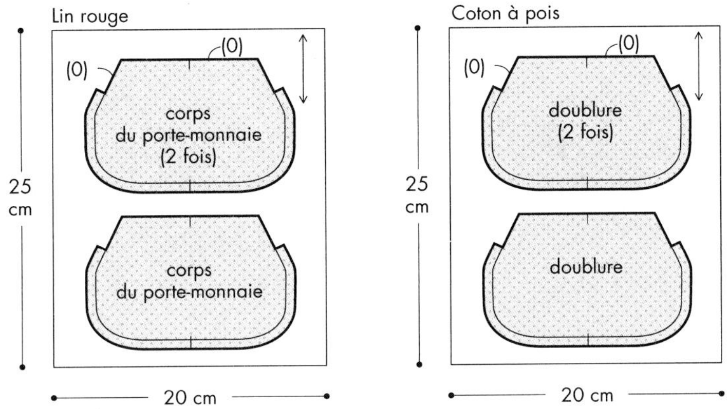

* Ajouter 0,7 cm de marge de couture, sauf indication contraire.
Les mesures entre parenthèses correspondent aux marges de couture.
* Thermocoller les parties indiquées en gris.

Réalisation

1. Réaliser le corps du porte-monnaie et la doublure.

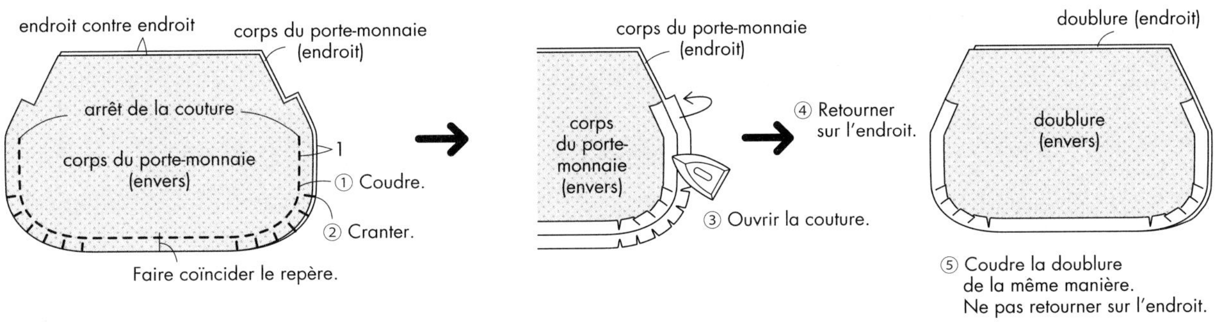

2. Coudre les côtés.

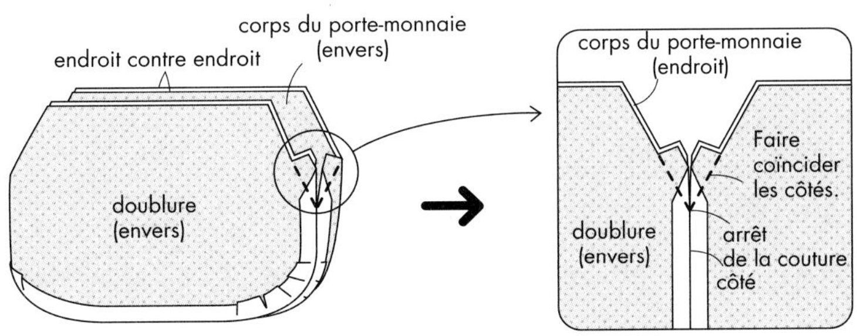

3. Retourner sur l'endroit et coudre l'ouverture du porte-monnaie.

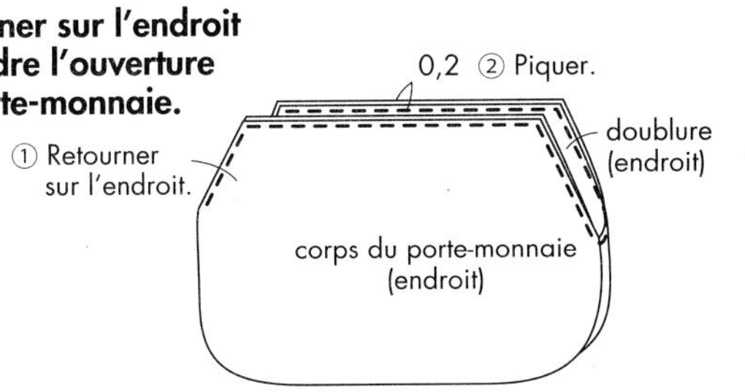

4. Fixer le fermoir.

* Voir p. 42 et 43 pour le montage du fermoir.

Porte-monnaie terminé

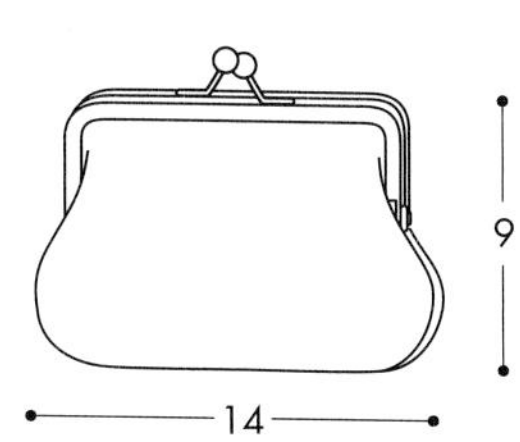

Pochette double Photo : p. 36

Dimensions
19,5 x 12 cm
(largeur x hauteur, sans anse)

Fournitures
30 x 90 cm de toile cirée
20 x 70 cm de cotonnade grise
1 fermeture à glissière en nylon de 30 cm de long
1 anse en cuir
1 anneau D de 1,3 cm de large

Plans de coupe

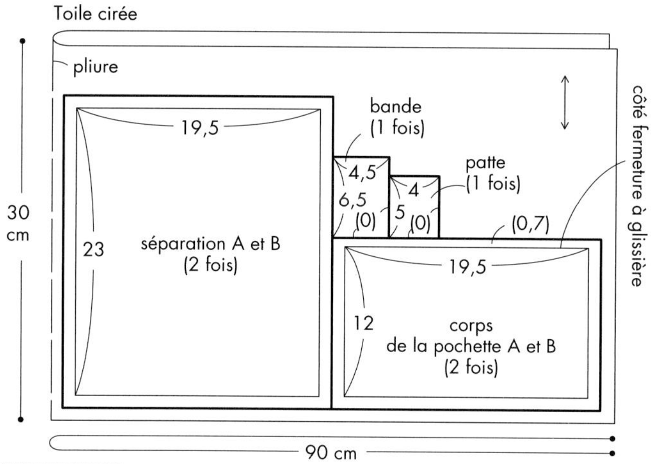

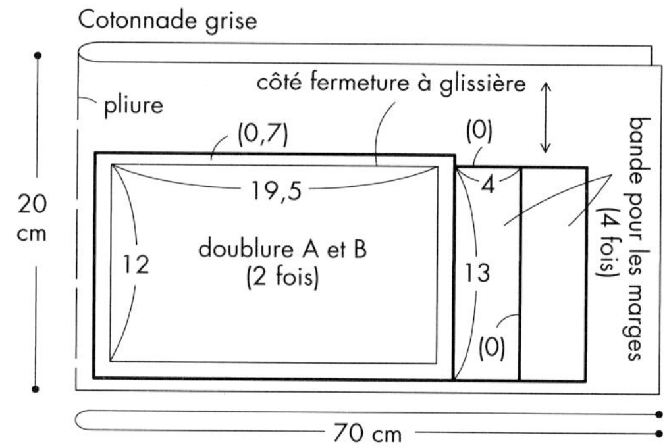

* Ne pas utiliser les épingles.
Utiliser les pinces pour maintenir les tissus
(voir p. 38 et 39).

* Ajouter 1 cm de marge de couture, sauf indication contraire.
Les mesures entre parenthèses correspondent aux marges de couture.

Réalisation

1. Réaliser la patte.

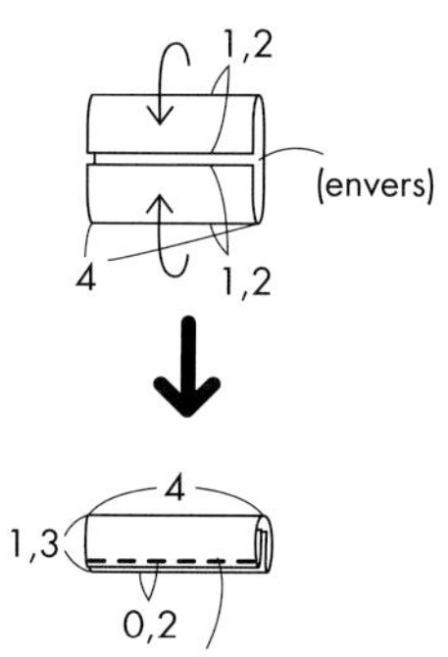

Plier en 4, puis coudre.

Passer la patte dans l'anneau D.

2. Coudre la fermeture à glissière.

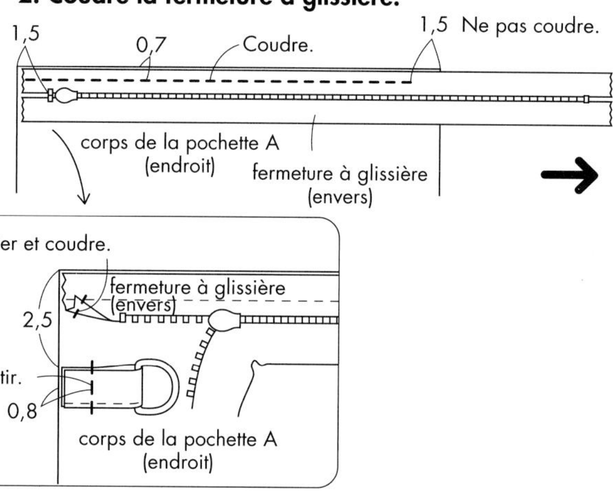

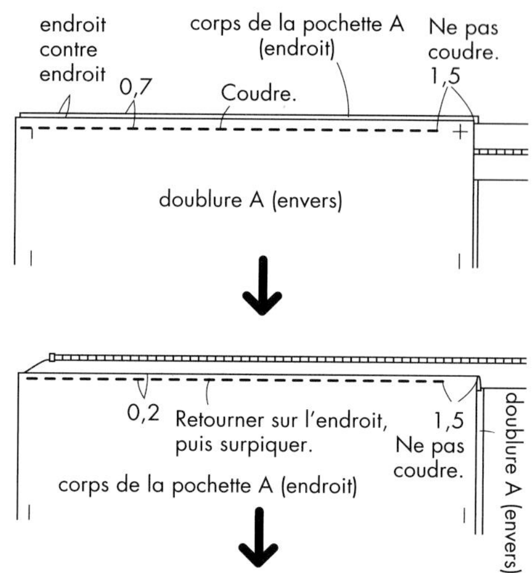

Baisser le curseur et coudre l'autre côté
de la même manière.

3. Coudre la séparation.

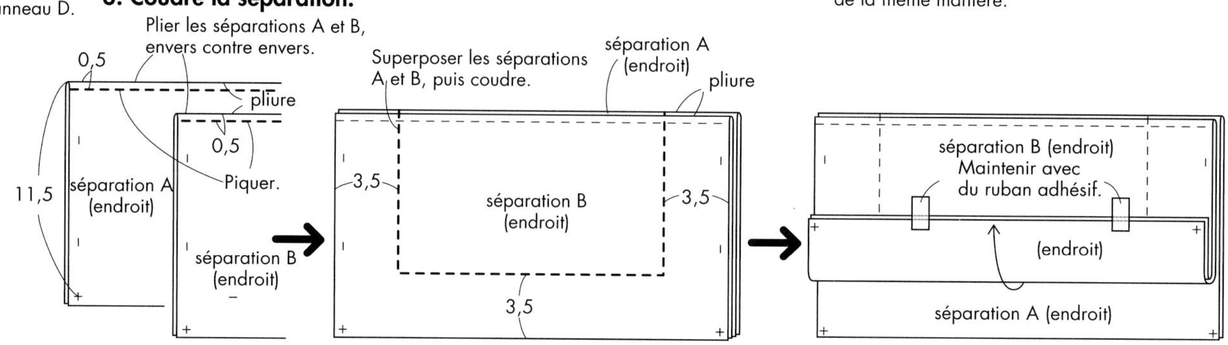

4. Assembler la pochette et la séparation.

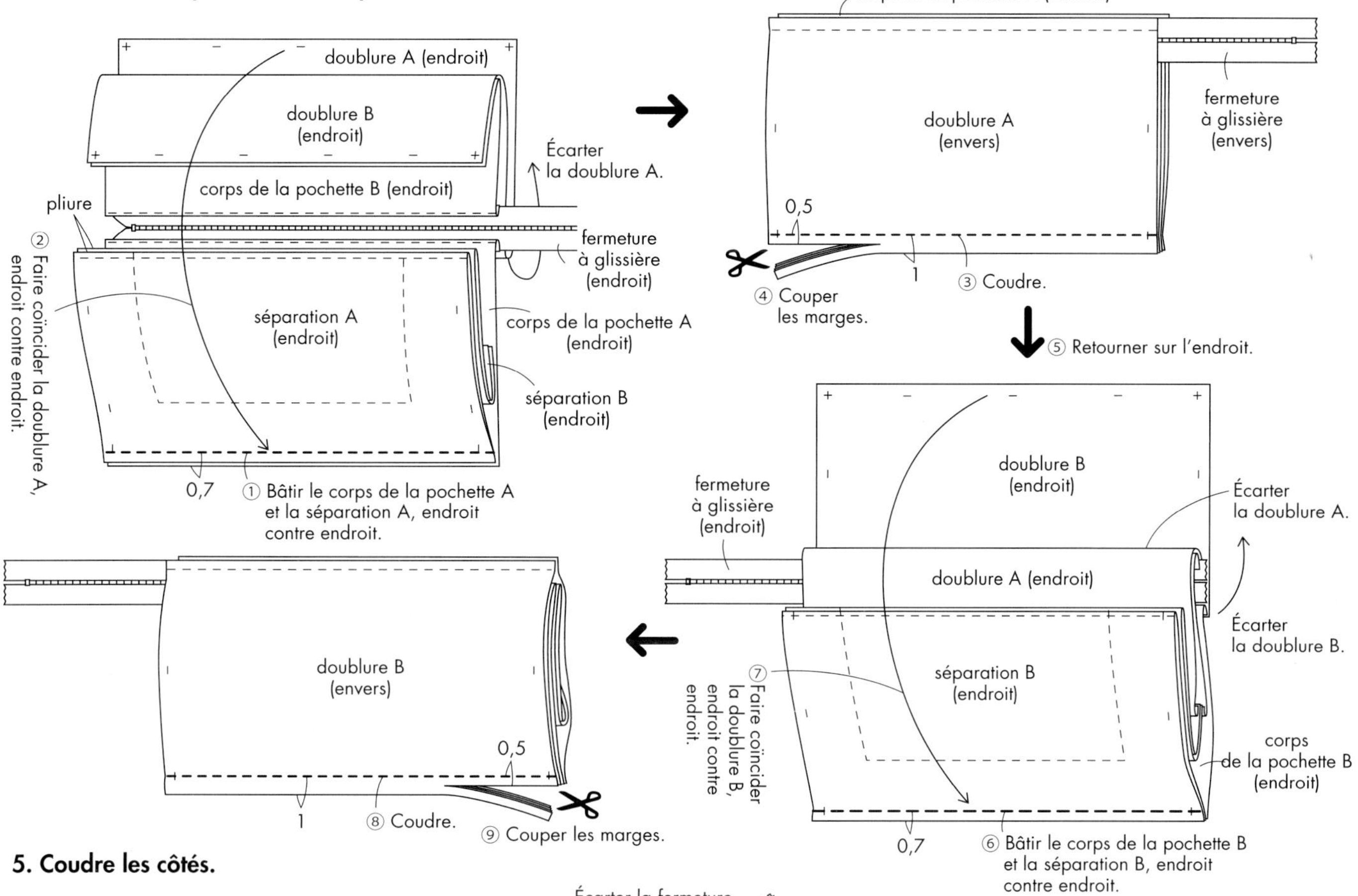

5. Coudre les côtés.

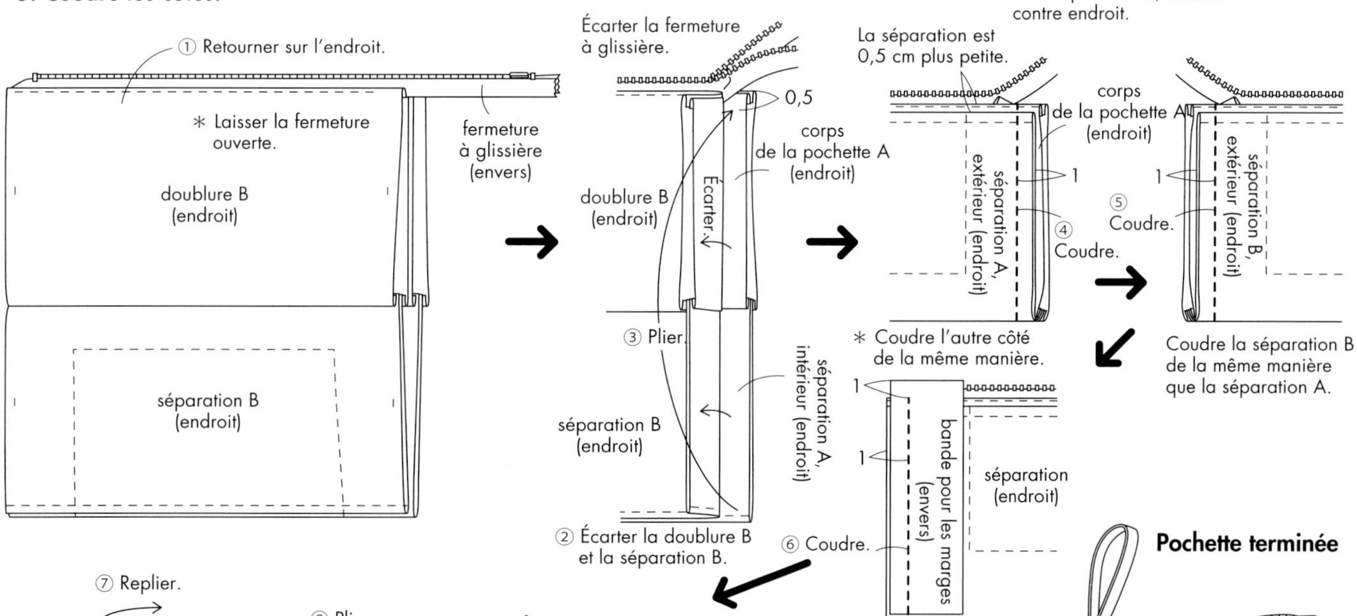

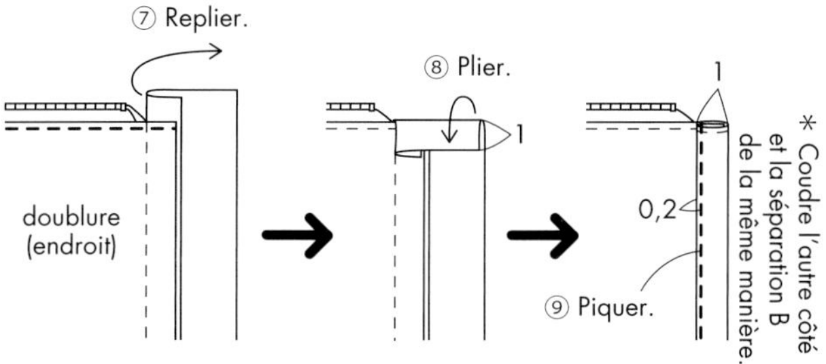

6. Recouvrir l'extrémité de la fermeture à glissière avec la bande.

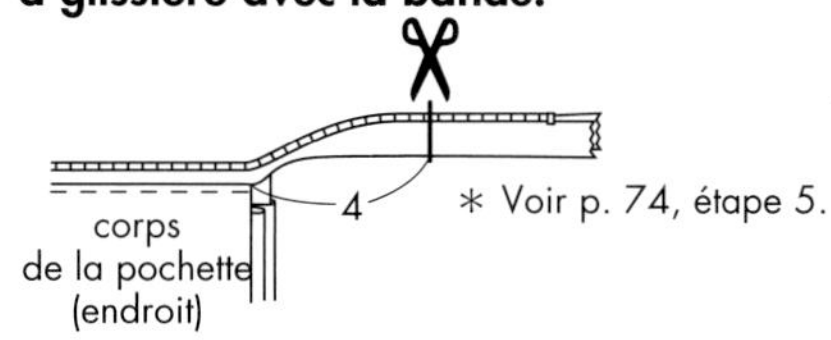

Pochette terminée

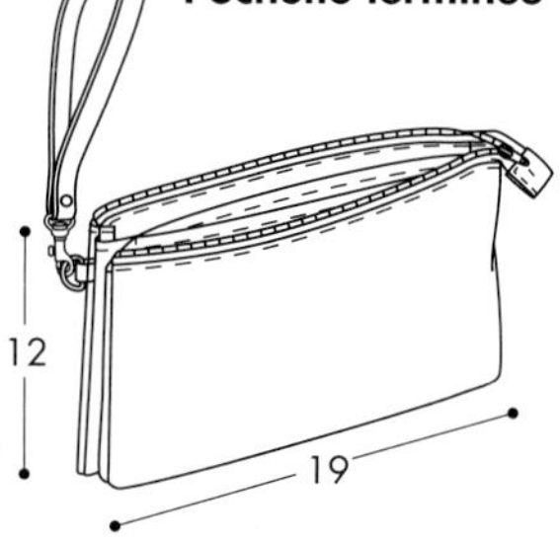

Trousse de maquillage Photo : p. 37

Dimensions
15 x 11,3 x 7 cm
(largeur x hauteur x soufflet)

Gabarits en taille réelle dans l'encart face 1
F-1. corps de la trousse, F-2. attache

Fournitures
20 x 80 cm de toile cirée imprimée
25 x 110 cm de nylon beige
1 fermeture à glissière dos à dos de 40 cm de long
2 biais de 2,5 x 35 cm
20 cm d'élastique de 0,3 cm de large
Ruban adhésif double face de 0,3 cm de large

Plans de coupe

Toile cirée imprimée

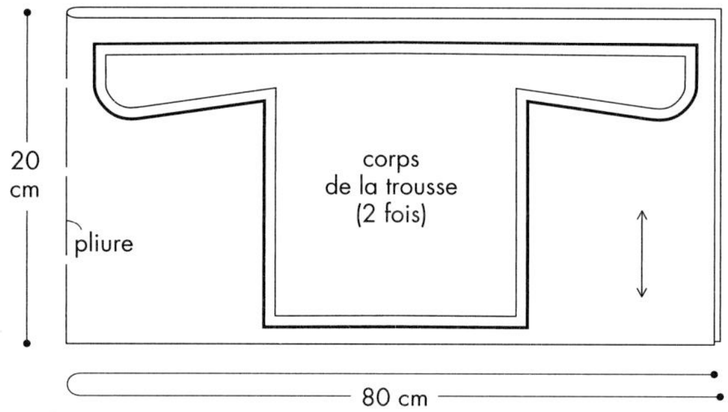

Tissu de nylon beige

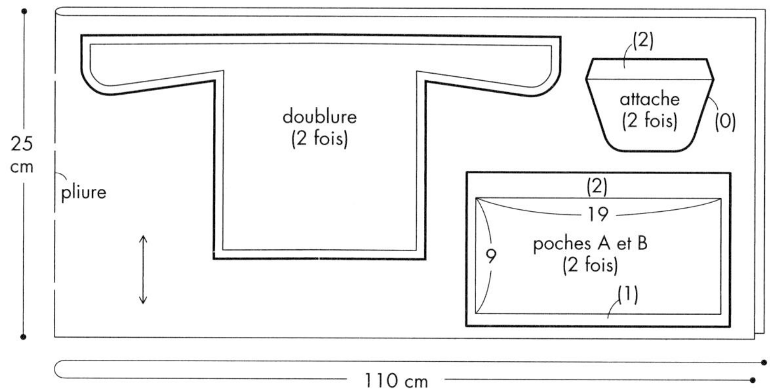

* Ne pas utiliser les épingles.
Utiliser les pinces pour maintenir les tissus.
Voir p. 38 et 39.
* Ajouter 0,7 cm de marge de couture, sauf indication contraire.
Les mesures entre parenthèses correspondent aux marges de couture.

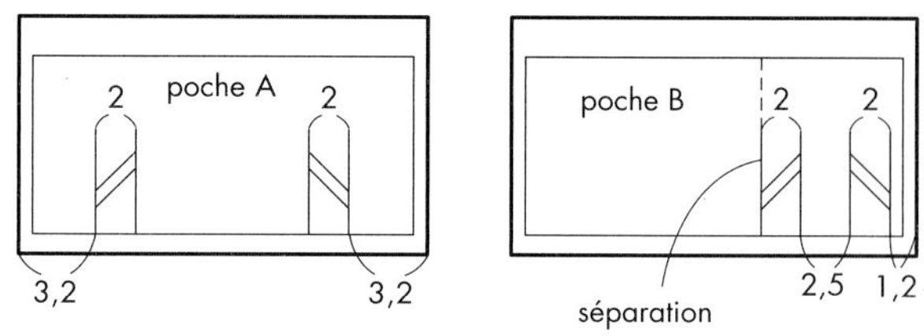

Réalisation

1. Réaliser les poches et les coudre sur la doublure.

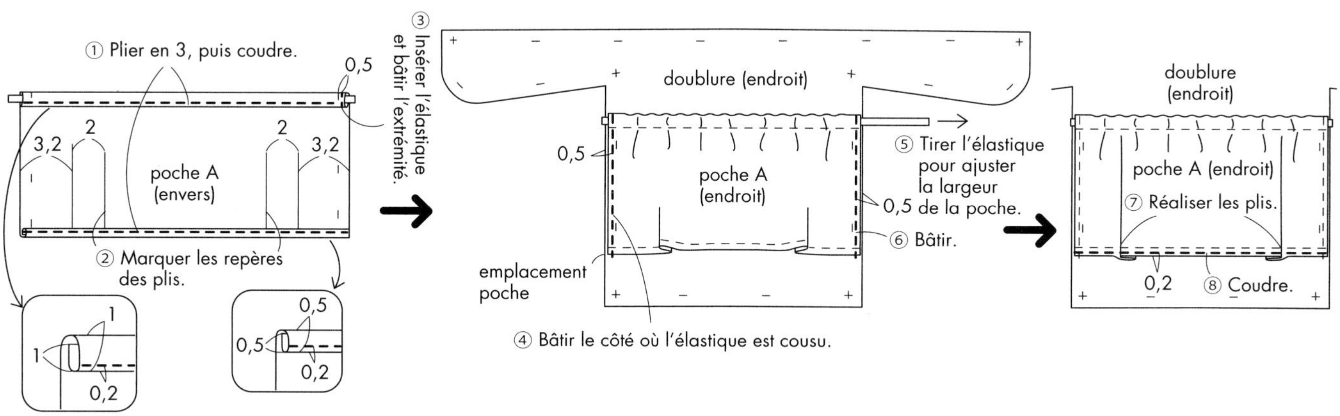

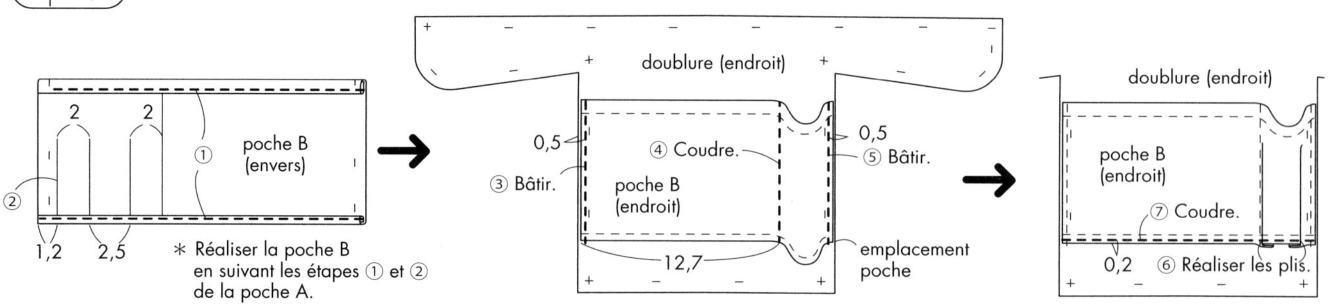

2. Coudre la fermeture à glissière.

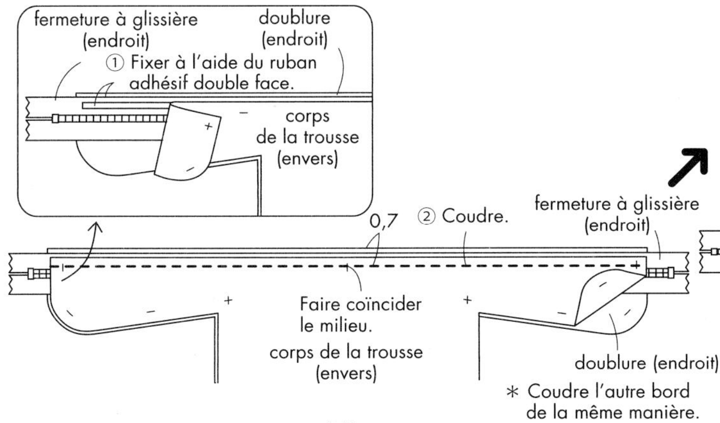

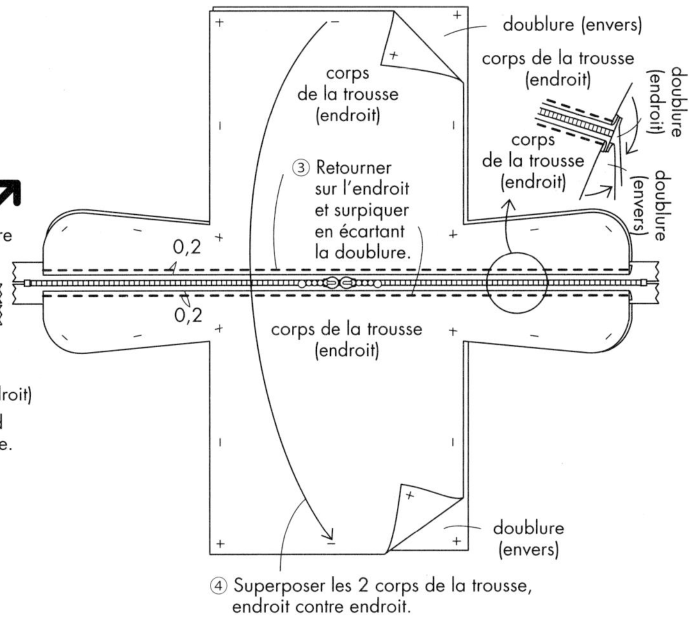

3. Coudre le fond.

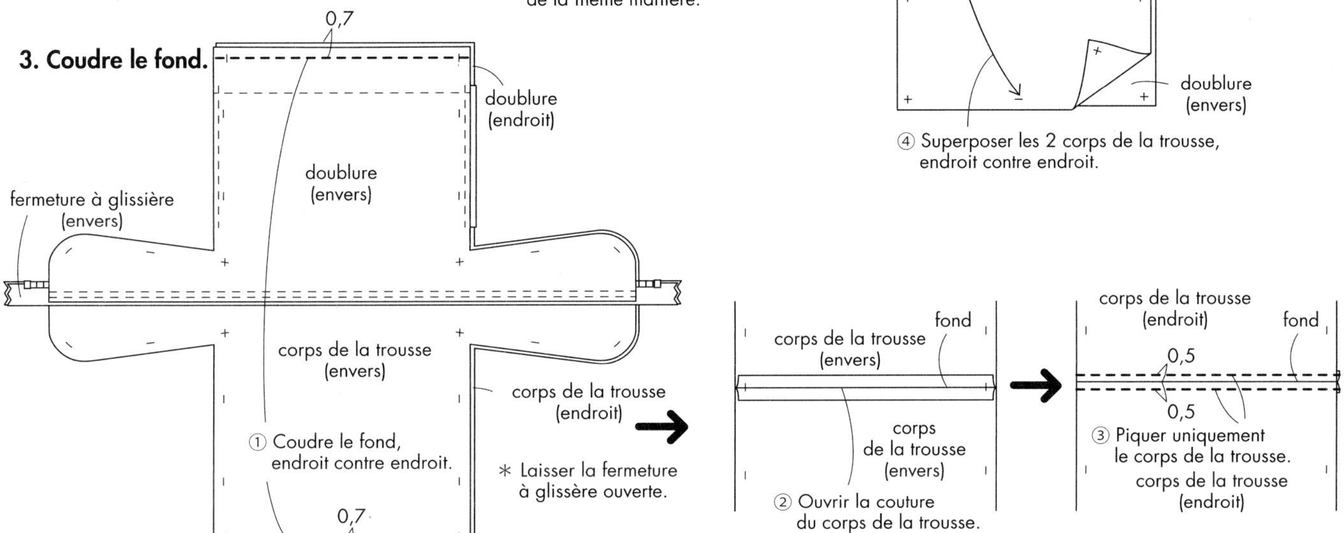

4. Coudre les côtés.

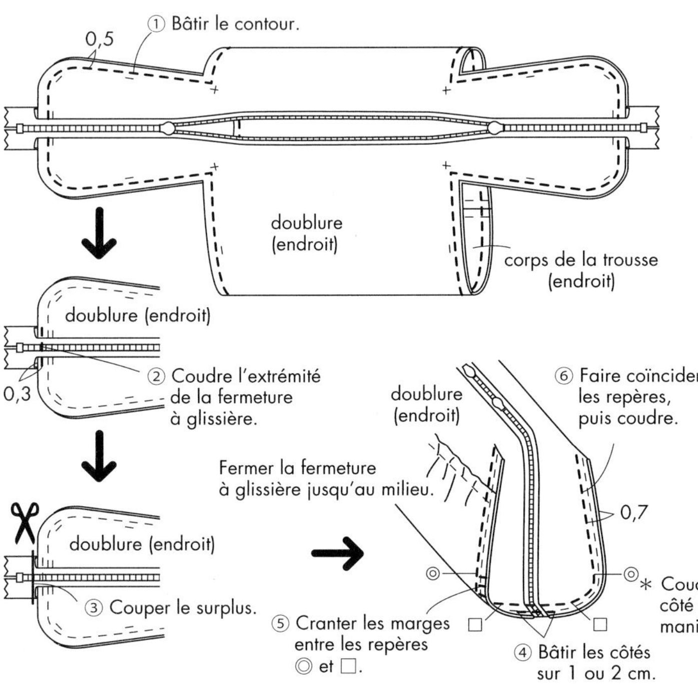

5. Coudre l'attache.

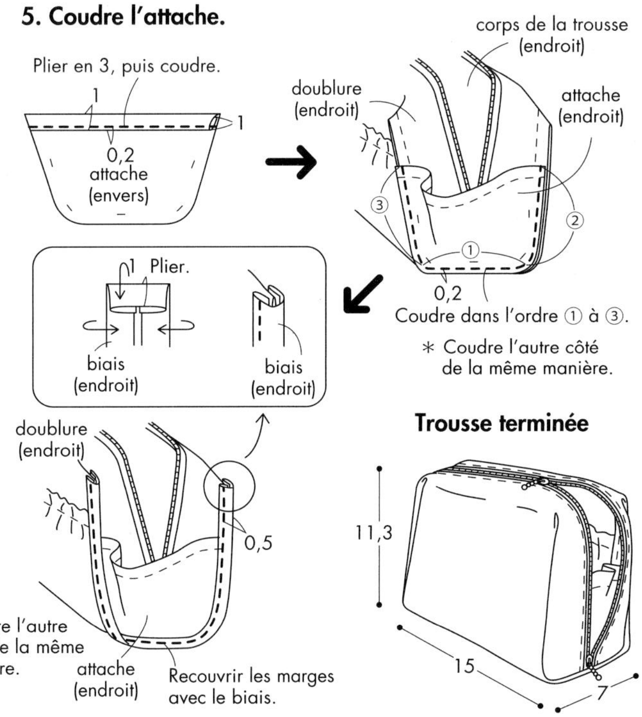

Trousse de voyage Photo : p. 44

Dimensions
22 x 16 x 11 cm
(largeur x hauteur x soufflet)

Gabarits en taille réelle dans l'encart face 2
H-1. corps de la trousse H-2. côté
H-3. petite trousse

Fournitures
50 x 75 cm de lin imprimé
25 x 35 cm de lin turquoise
50 x 100 cm de coton à pois
50 x 75 cm de toile thermocollante
50 x 50 cm de molleton thermocollant
55 cm d'élastique de 0,3 cm de large
1 fermoir porte-monnaie double de 19,8 x 7,5 cm
Ficelle en papier

Plans de coupe

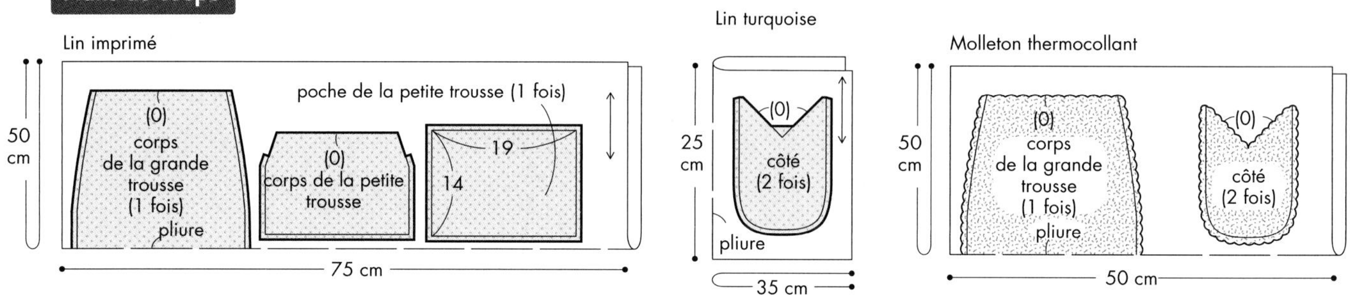

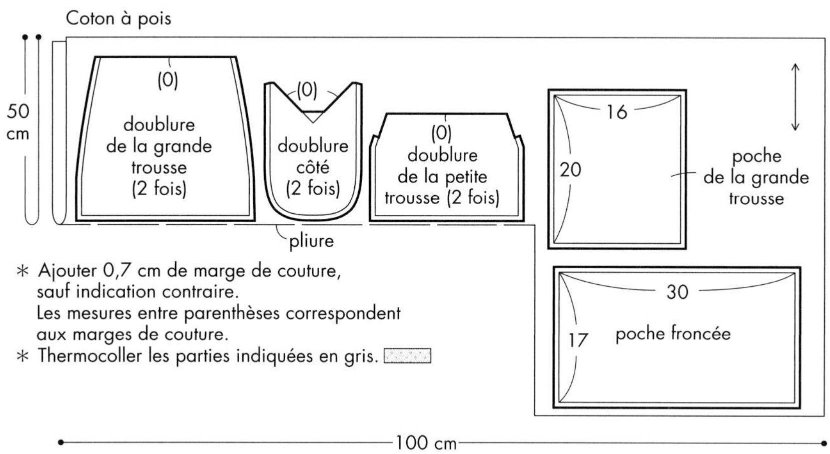

* Ajouter 0,7 cm de marge de couture, sauf indication contraire. Les mesures entre parenthèses correspondent aux marges de couture.
* Thermocoller les parties indiquées en gris.

* Thermocoller le molleton sur le corps de la trousse et les côtés.

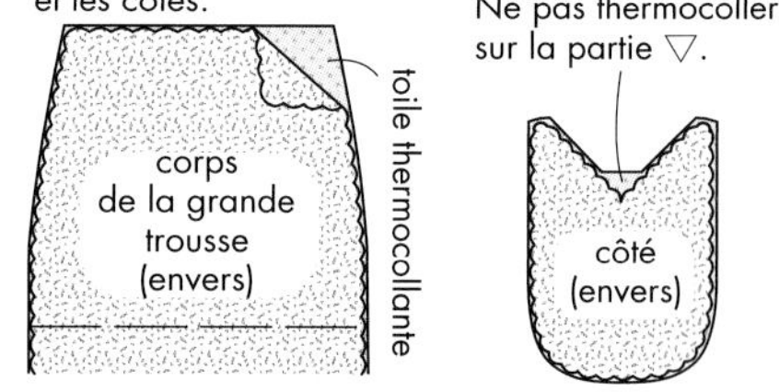

Réalisation

1. Réaliser la grande trousse.

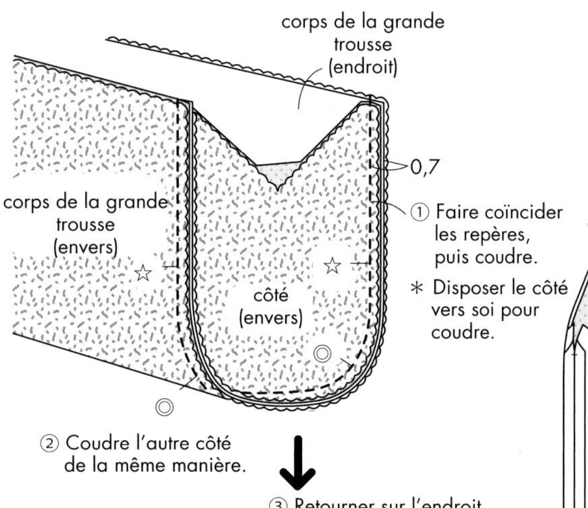

2. Réaliser la petite trousse.

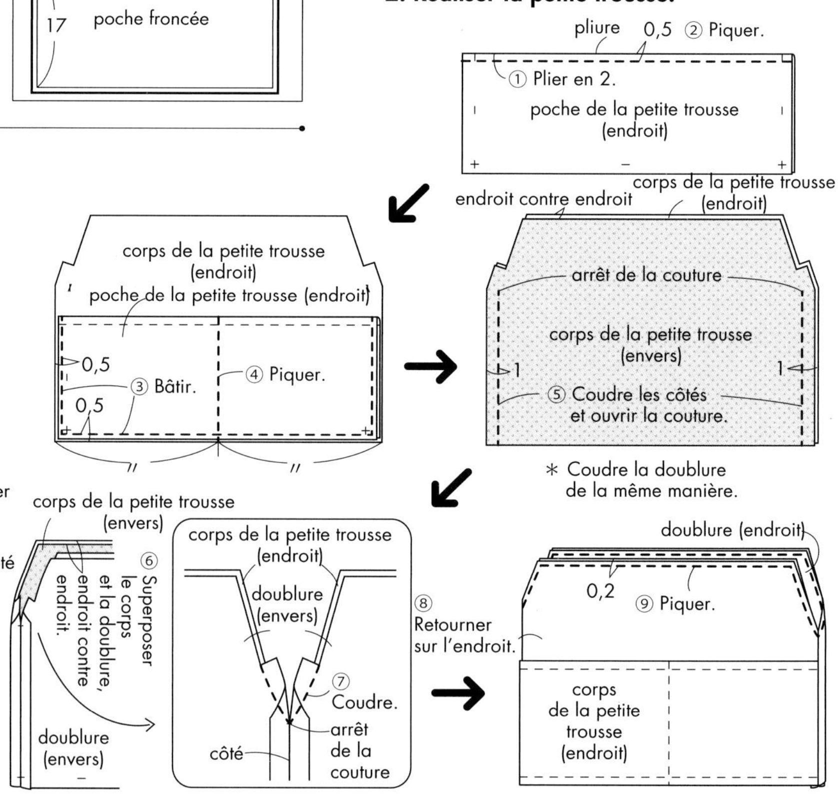

3. Coudre la poche froncée sur la doublure de la grande trousse.

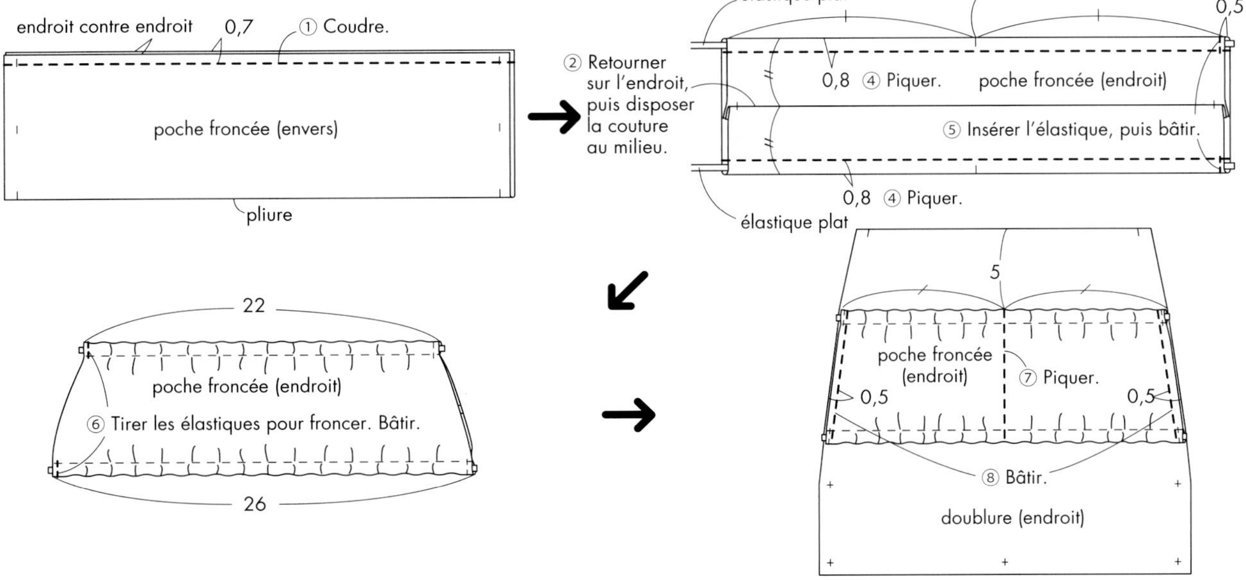

4. Coudre la poche sur la doublure de la grande trousse.

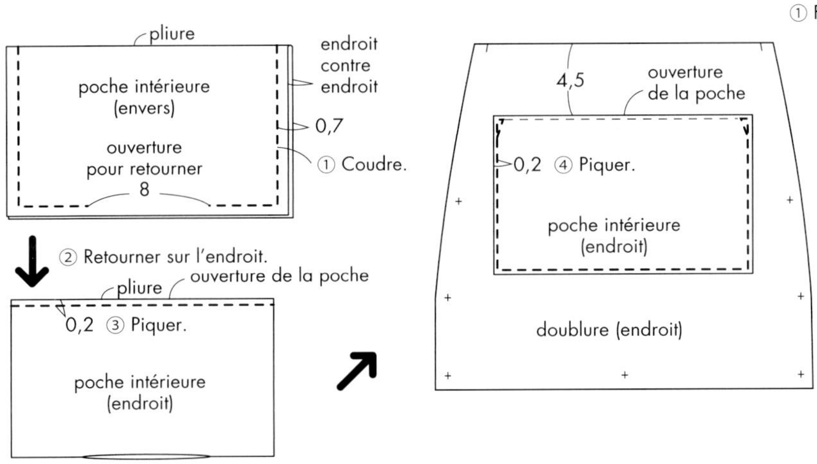

5. Assembler la doublure et la petite trousse.

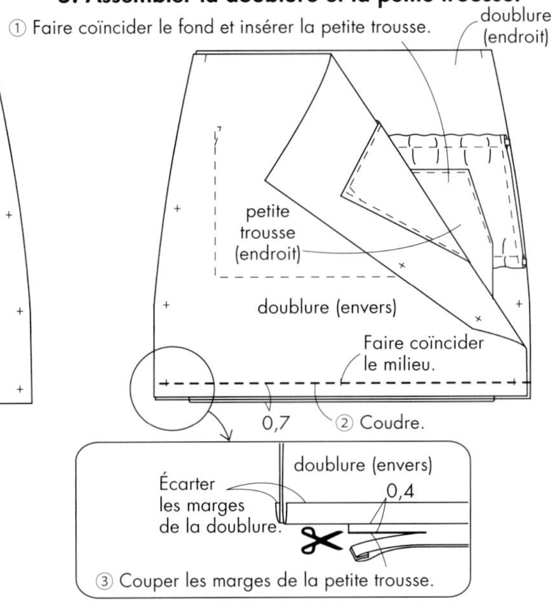

6. Assembler la grande trousse et sa doublure.

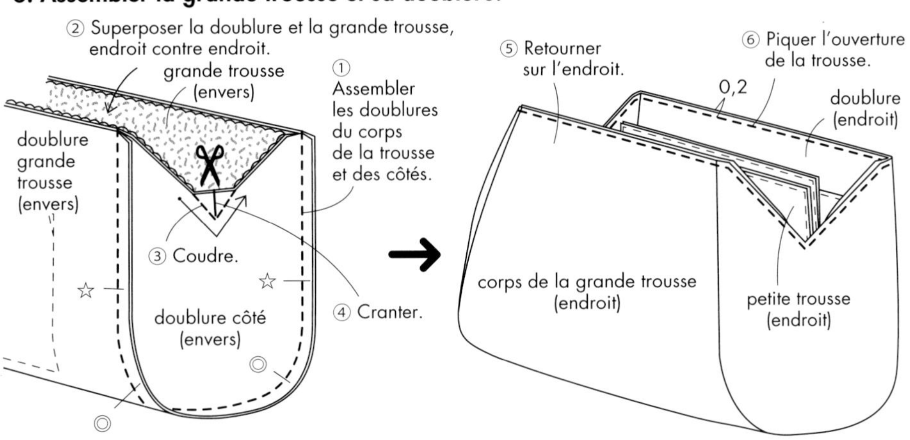

7. Fixer le fermoir.

Fixer le petit fermoir, puis le grand. (Voir p. 42 et 43)

Trousse terminée

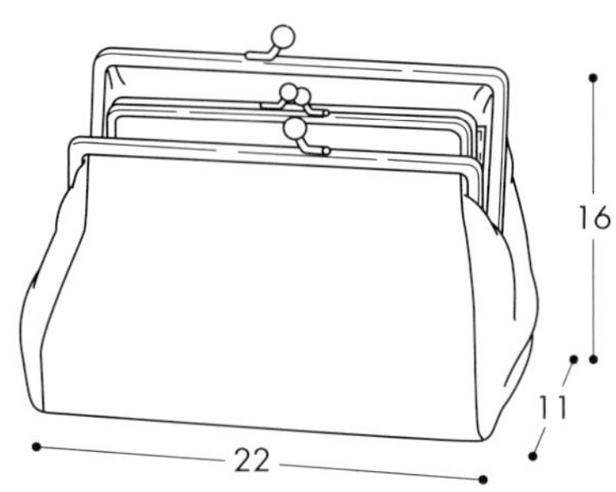

Pochette A5 Photo : p. 46

Dimensions
20 x 24 x 4 cm
(largeur x hauteur x soufflet)

Gabarit en taille réelle dans l'encart face 2
I-1. corps de la pochette

Fournitures
30 x 90 cm de canvas imprimé
30 x 80 cm de coton à pois
30 x 70 cm de toile thermocollante
1 fermoir porte-monnaie de 18 x 9 cm
Ficelle en papier

Plans de coupe

Canvas imprimé

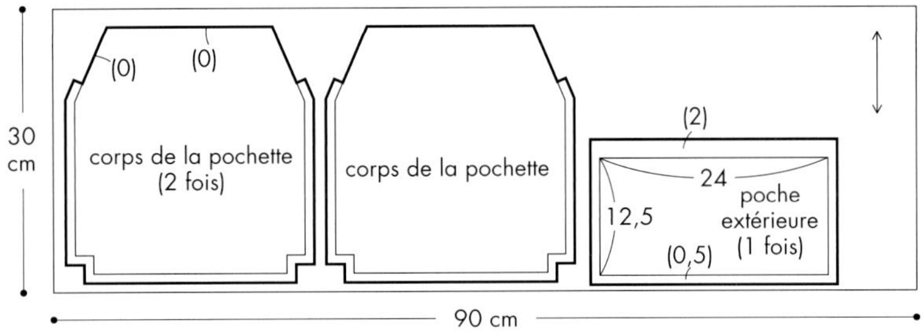

Coton à pois

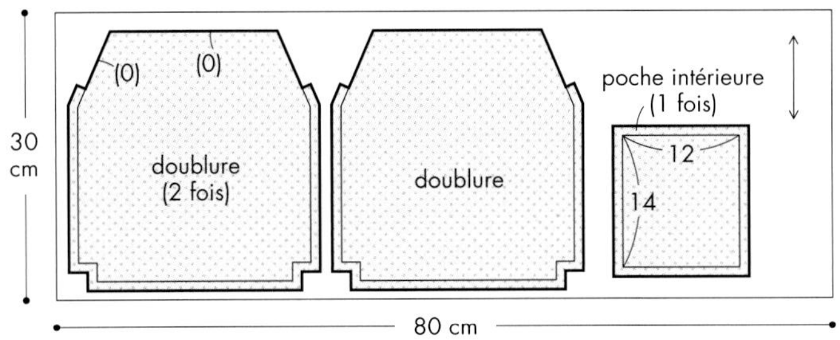

∗ Ajouter 1 cm de marge de couture, sauf indication contraire.
Les mesures entre parenthèses correspondent aux marges de couture.
∗ Thermocoller les parties indiquées en gris.

Réalisation

1. Coudre la poche extérieure.

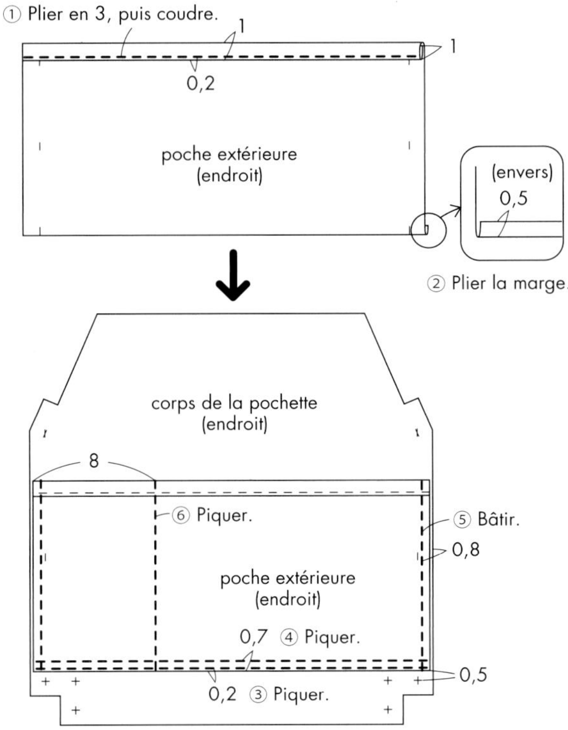

2. Réaliser la pochette.

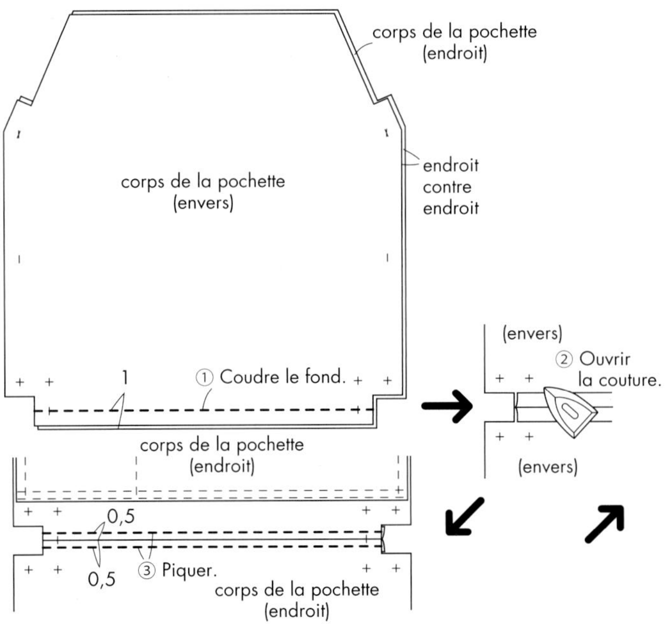

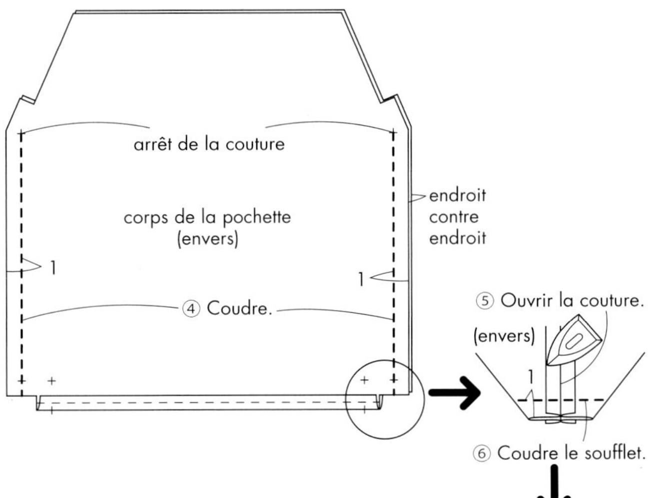

3. Coudre la poche intérieure.

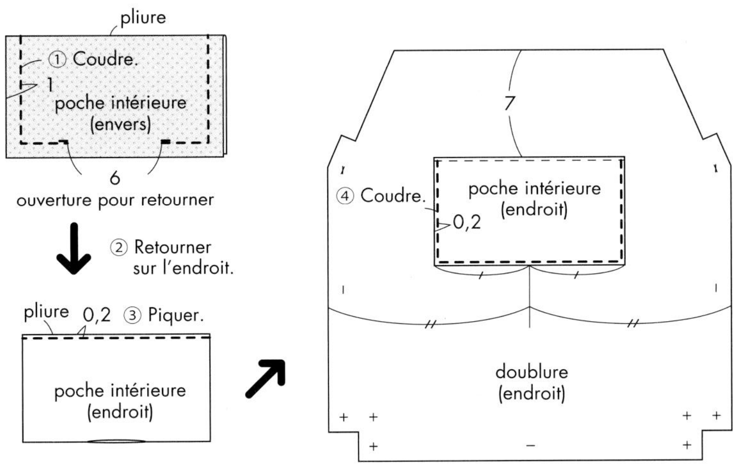

4. Coudre la doublure.

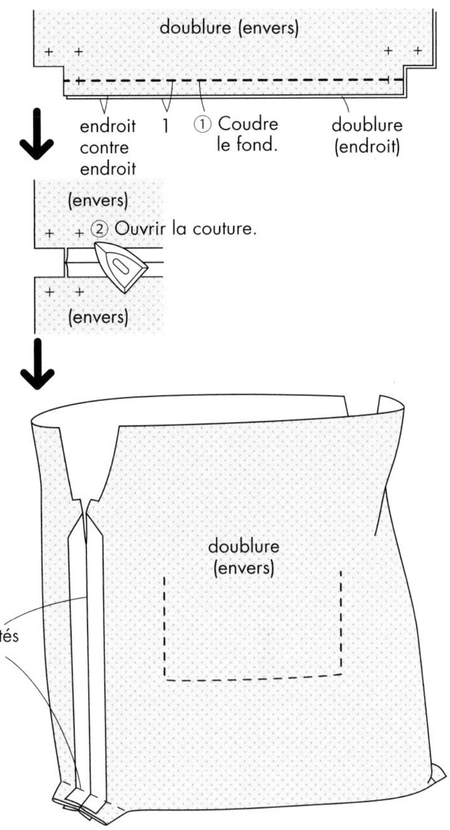

5. Coudre la fin de l'ouverture.

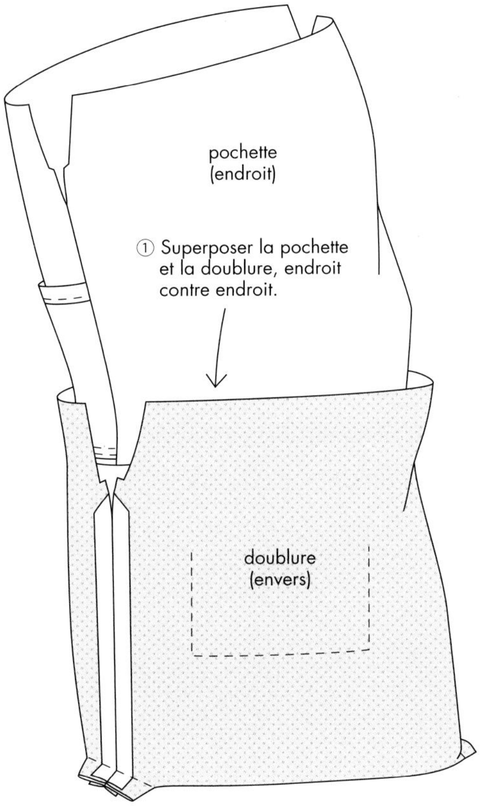

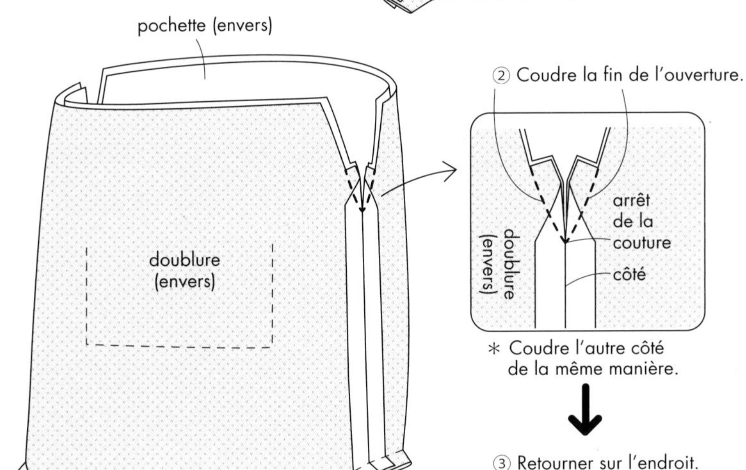

6. Coudre l'ouverture de la pochette.

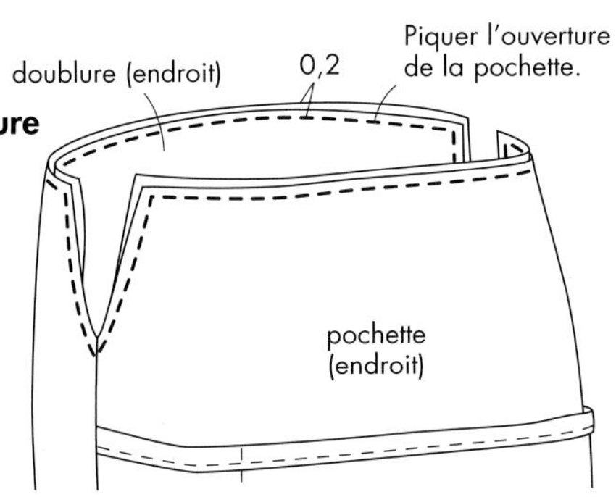

7. Fixer le fermoir.

∗ Voir p. 42 et 43.

Pochette terminée

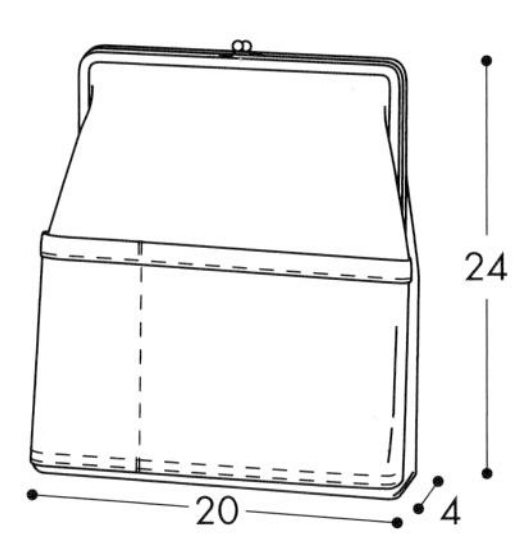

Porte-clés astucieux Photo : p. 47

Dimensions
8,8 x 12,5 cm (largeur x hauteur)

Fournitures
30 x 50 cm de Liberty
15 x 30 cm de coton beige
25 x 25 cm de toile thermocollante
1 fermoir clic clac de 8,5 cm de large
1 porte-clés avec mousqueton
1 mousqueton de 1,1 cm de large
1 anneau de ø 1,1 cm
1 mousqueton de 0,6 cm de large
1 anneau double de ø 1,4 cm

Plans de coupe

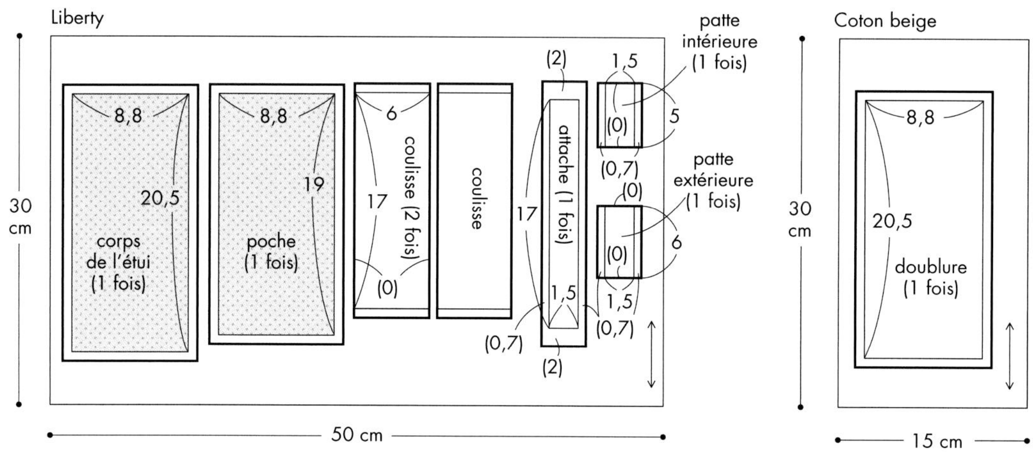

* Ajouter 1 cm de marge de couture, sauf indication contraire.
  Les mesures entre parenthèses correspondent aux marges de couture.
* Thermocoller les parties indiquées en gris.

Réalisation

1. Coudre la poche.

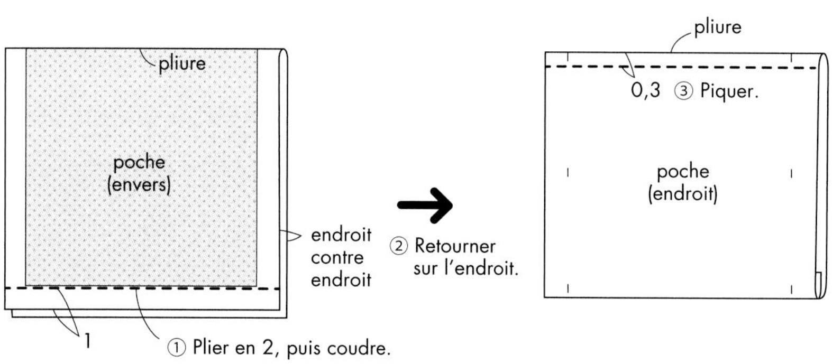

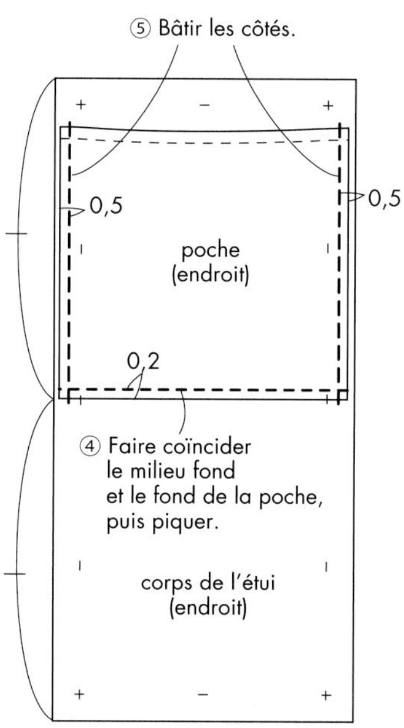

2. Réaliser les pattes et l'attache.

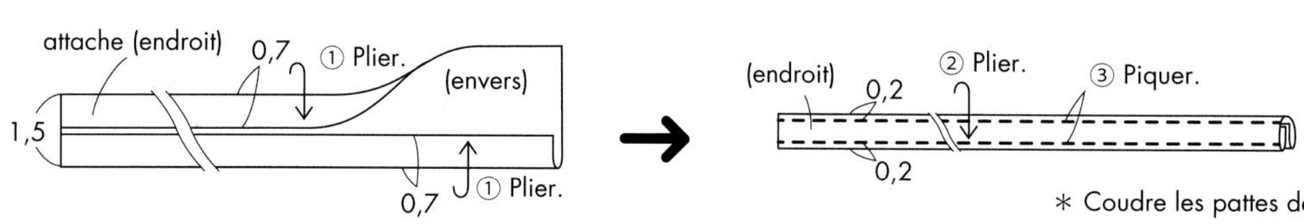

* Coudre les pattes de la même manière.

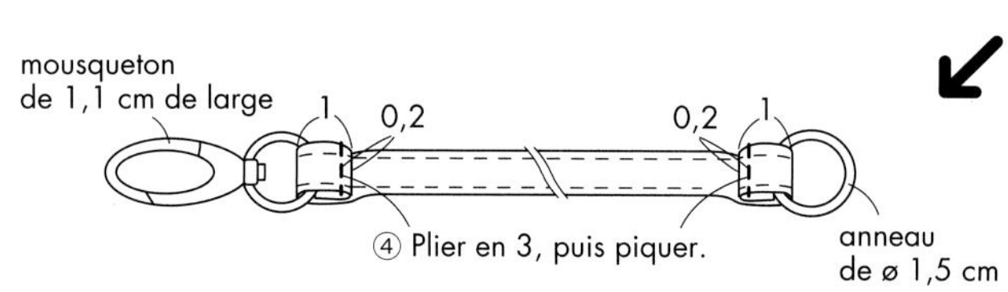

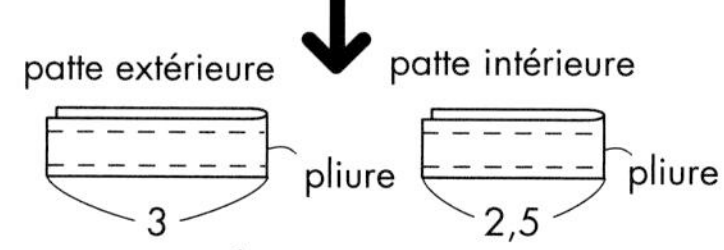

Plier en 2.

3. Coudre les coulisses.

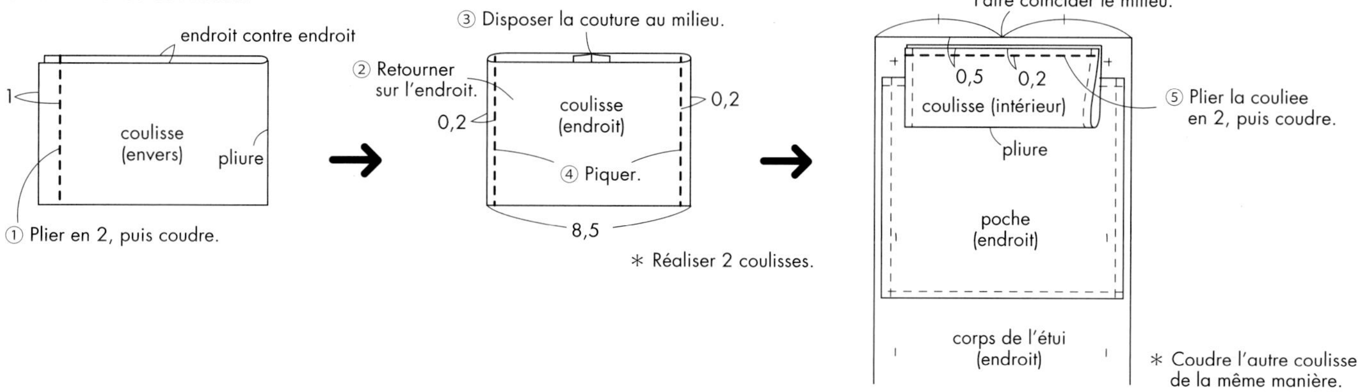

4. Bâtir les pattes.

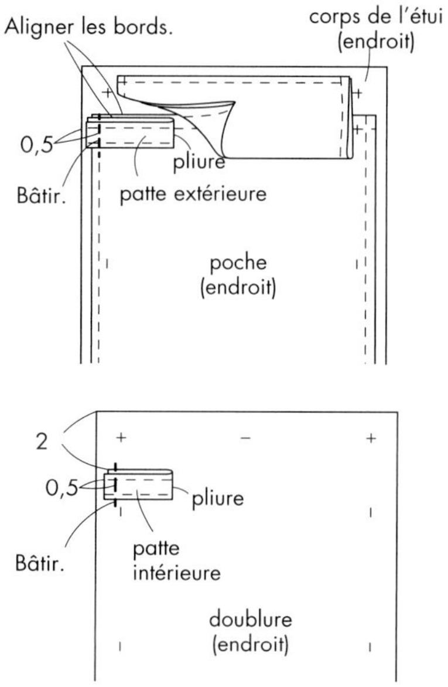

5. Assembler l'étui et la doublure.

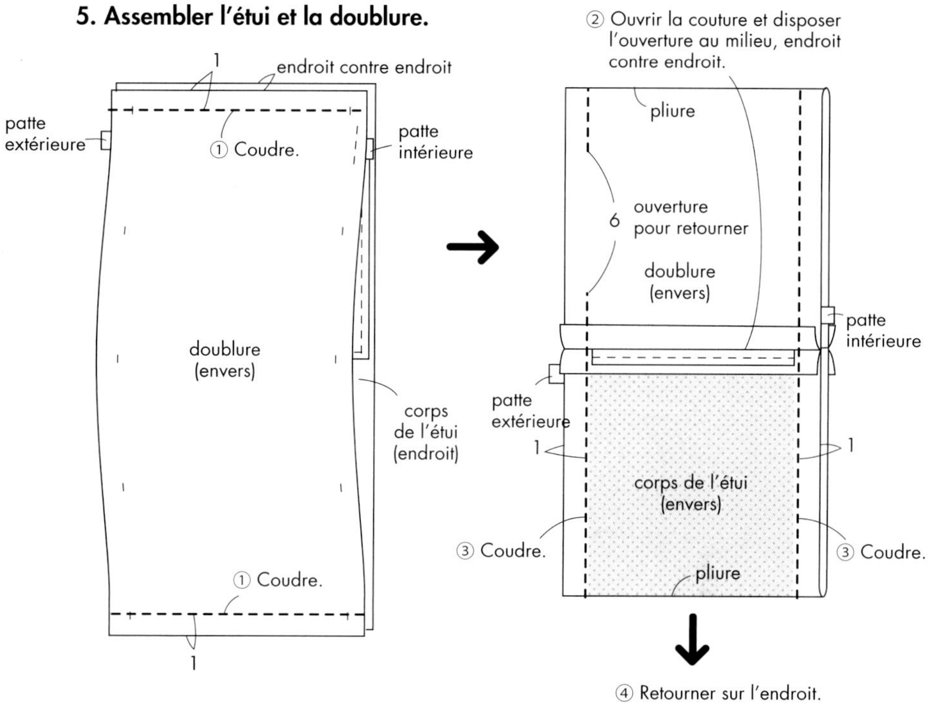

6. Coudre l'ouverture de l'étui.

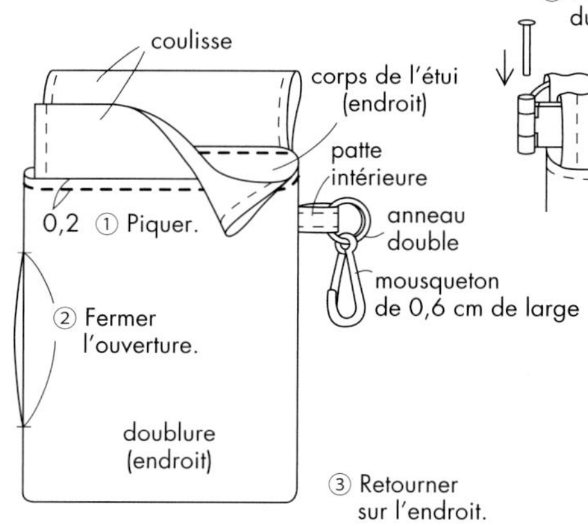

7. Fixer le fermoir.

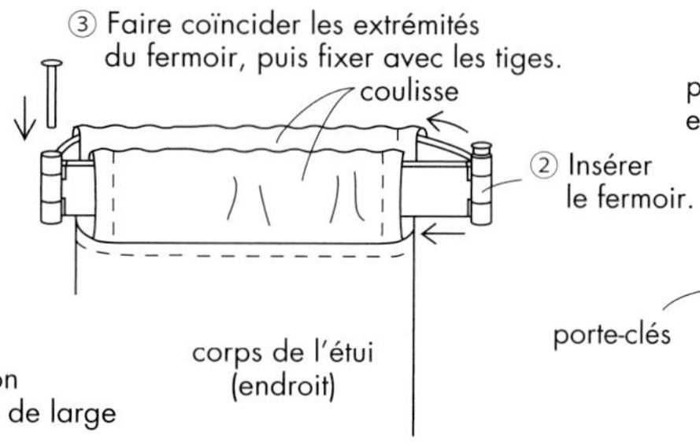

8. Fixer le porte-clés.

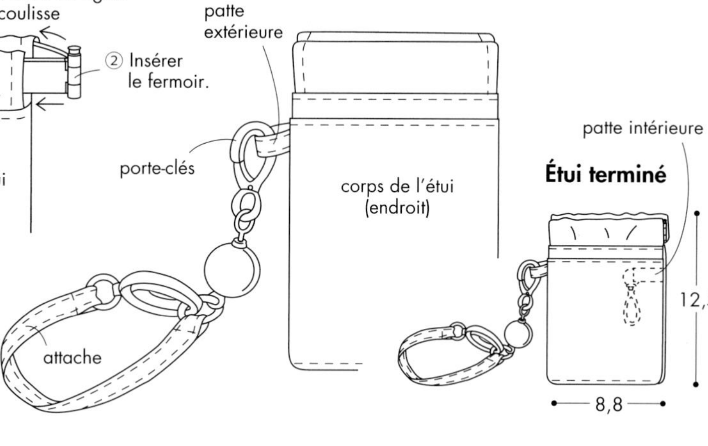

Protège-carnet de santé Photo : p. 48

Dimensions
12 x 17 cm
(largeur x hauteur, ouvrage plié)

Gabarit en taille réelle dans l'encart face 2
J-1. rabat

Fournitures
19 x 36 cm de coton à rayures
23 x 26 cm de coton à fleurs
19 x 22 cm de coton rouge à pois
19 x 37 cm de coton blanc à pois
1 fermeture à glissière en nylon de 20 cm de long
1 bouton-pression de ø 1,2 cm
7 x 10 cm de molleton thermocollant

Plans de coupe

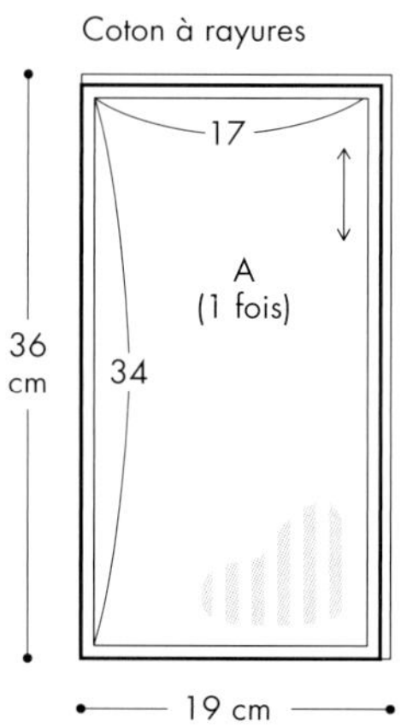

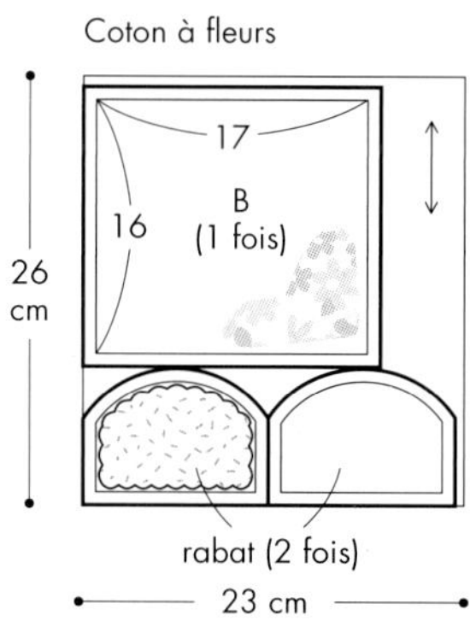

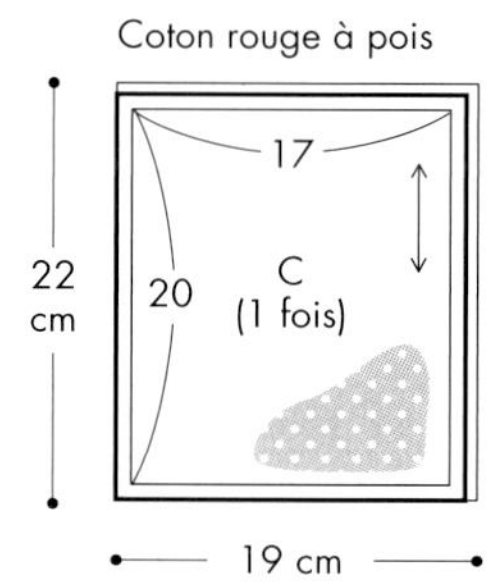

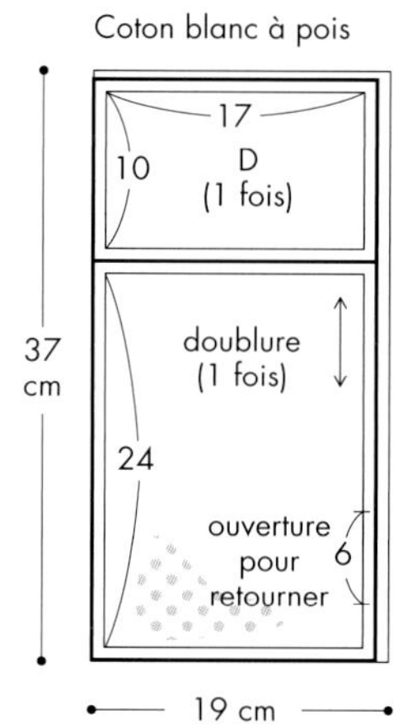

* Ajouter 0,7 cm de marge de couture.
* Thermocoller le molleton sur le rabat.

Réalisation

1. Réaliser le rabat.

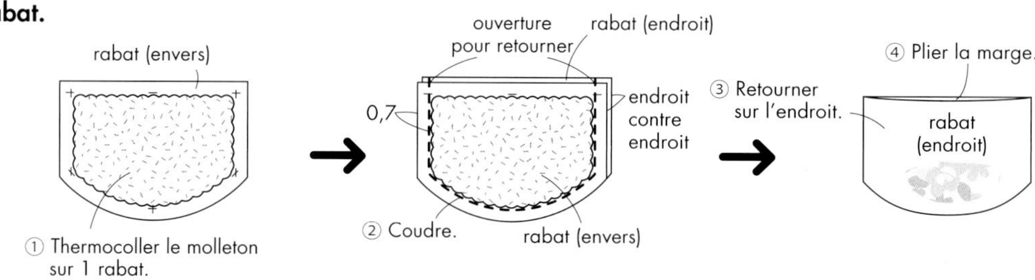

2. Assembler les pièces A à D.

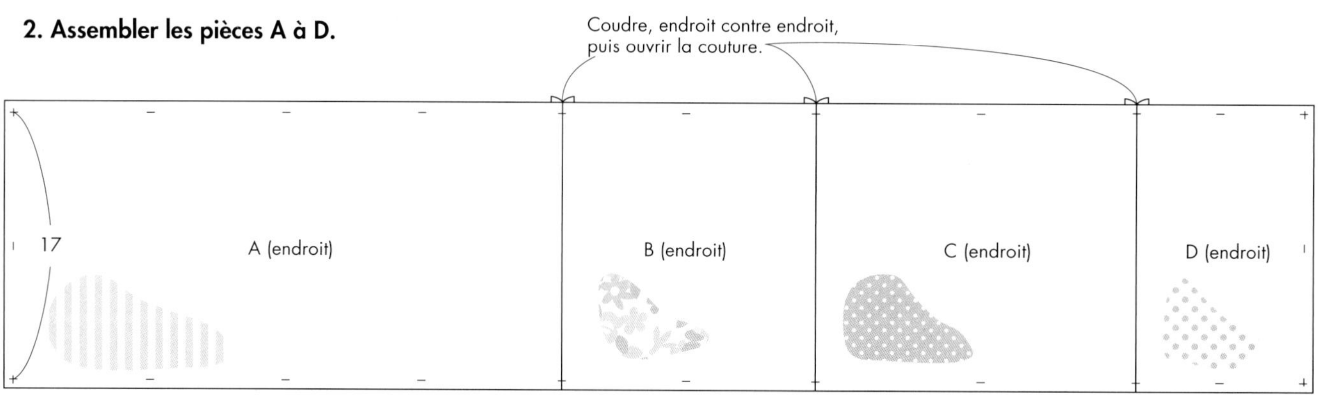

3. Coudre le rabat.

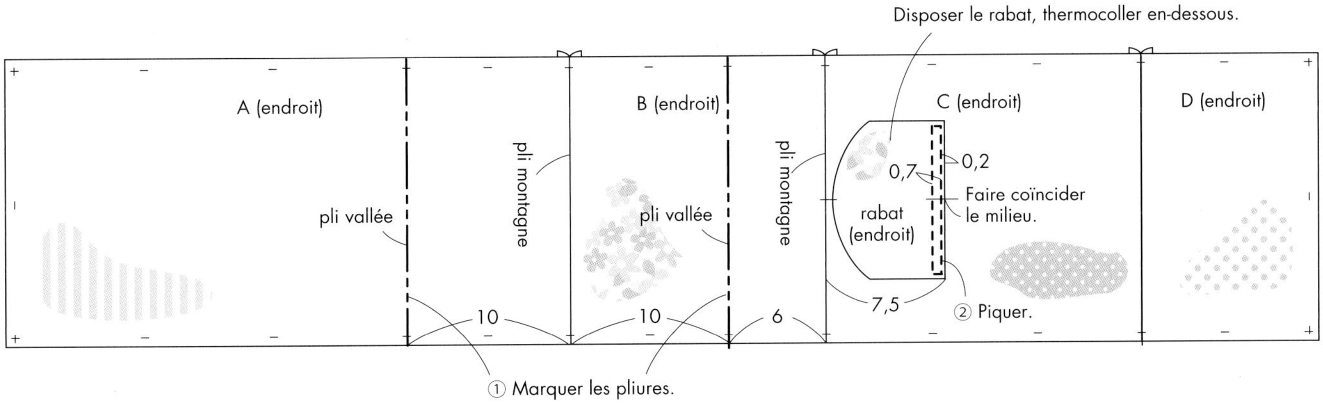

4. Plier l'ouvrage.

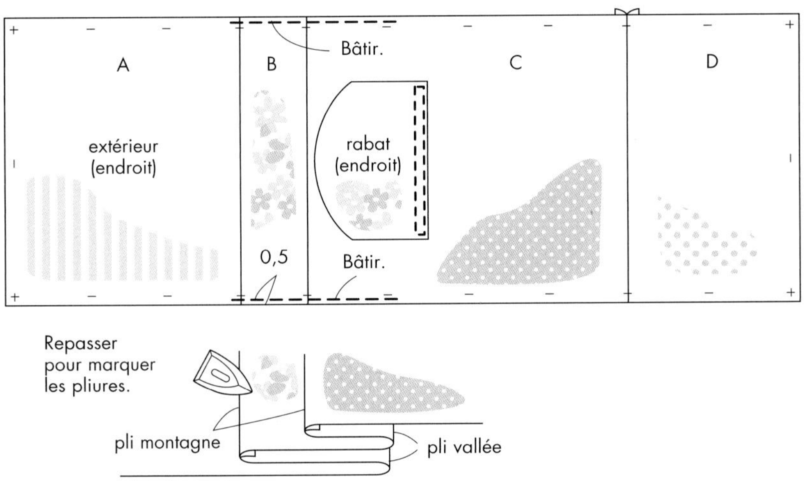

5. Coudre la fermeture à glissière.

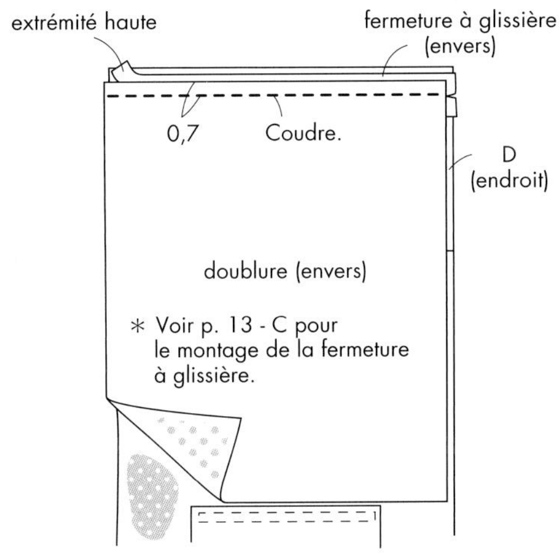

6. Coudre les côtés.

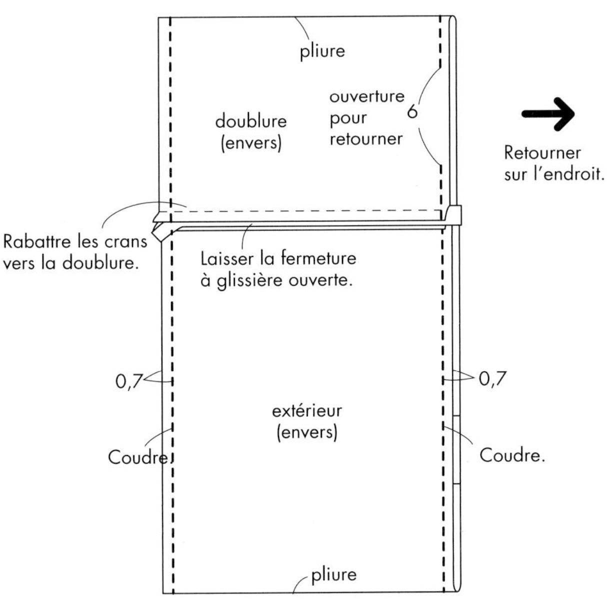

7. Coudre le bouton-pression.

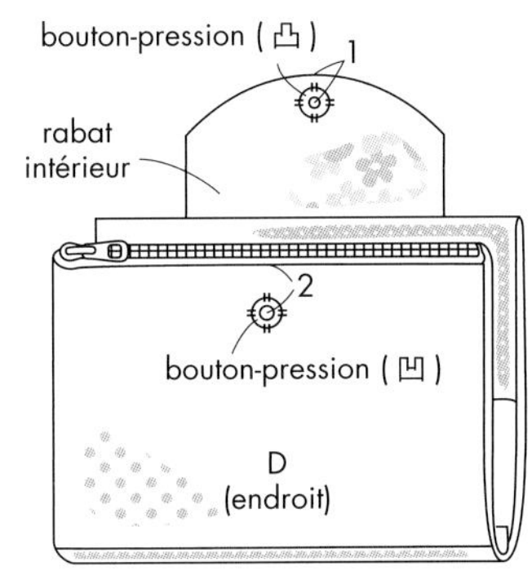

Protège-carnet de santé terminé

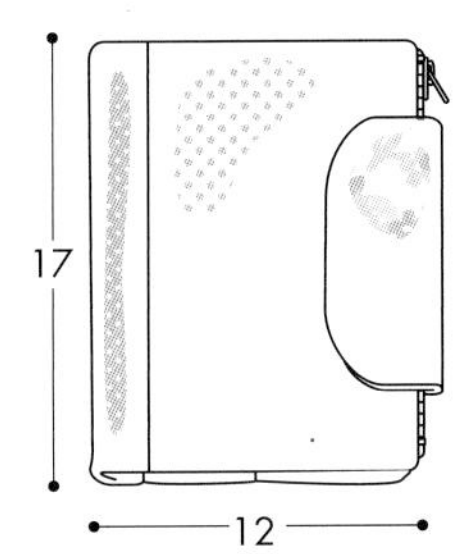

Porte-clés Photo : p. 50

Dimensions
6 x 4 x 3 cm
(largeur x hauteur x soufflet)

Fournitures
7,8 x 10,4 cm de lin rose
7,4 x 10,4 cm de lin à rayures
10,4 x 12,4 cm de coton à pois
4,8 x 13 cm de coton à pois
9 x 11 cm de molleton thermocollant
1 fermeture à glissière en nylon de 10 cm de long
4 rubans de 1,2 cm de large
1 anneau double de ø 1,5 cm

Plans de coupe

Lin rose

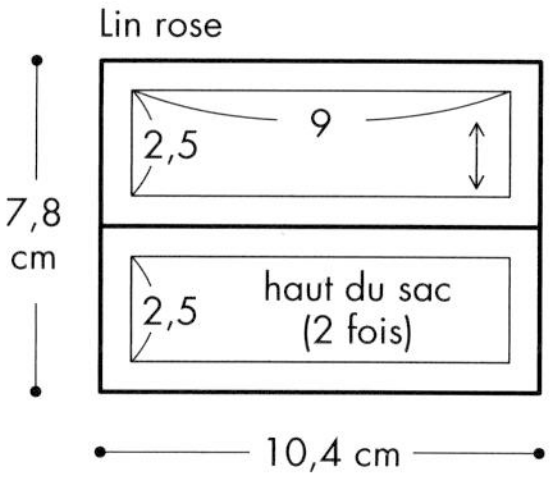

Lin à rayures

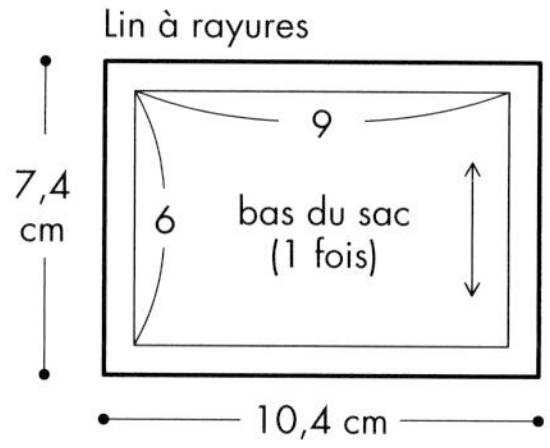

Coton à pois

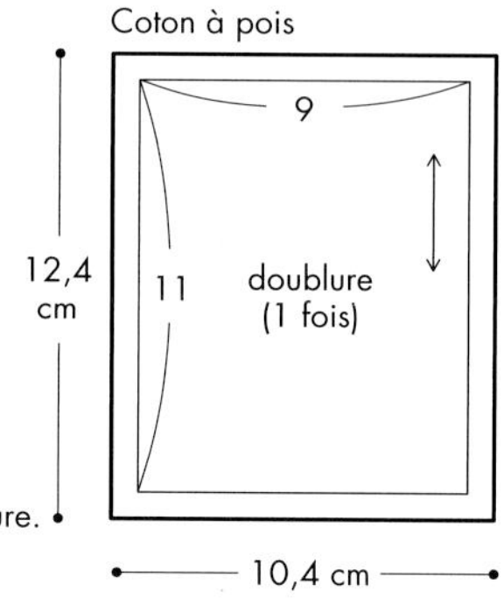

Molleton thermocollant

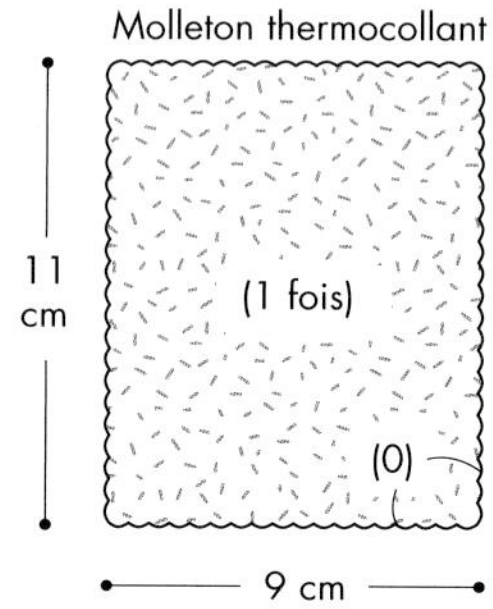

Coton à pois

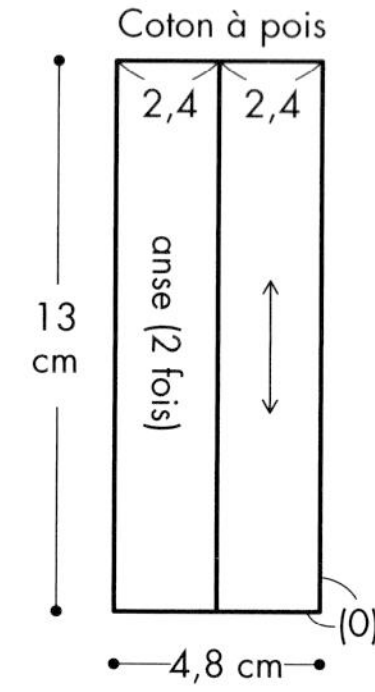

* Ajouter 0,7 cm de marge de couture, sauf indication contraire.
Les mesures entre parenthèses correspondent aux marges de couture.

Réalisation

1. Réaliser les anses.

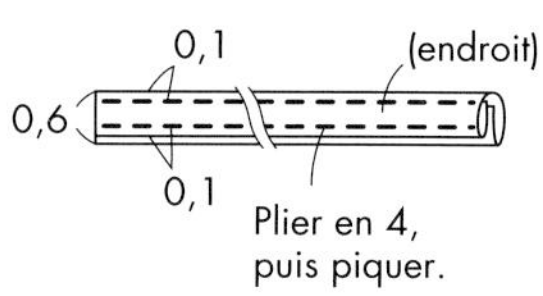

* Réaliser 2 anses.

2. Réaliser le corps du sac.

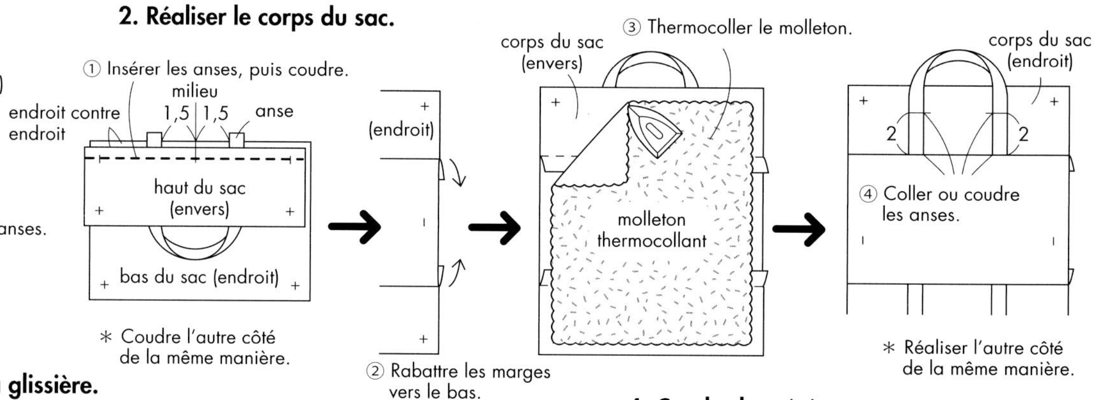

* Coudre l'autre côté de la même manière.

* Réaliser l'autre côté de la même manière.

3. Coudre la fermeture à glissière.

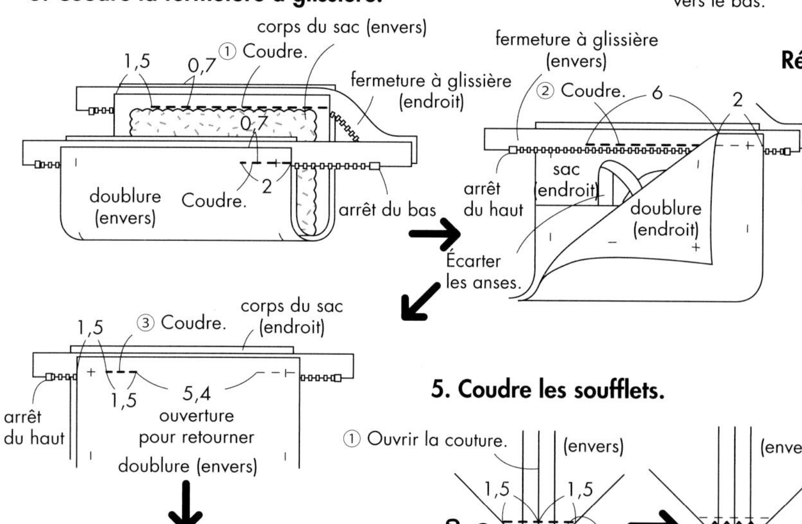

④ Voir p. 13 - C, étape ⑤ pour la finition des extrémités de la fermeture à glissière.

4. Coudre les côtés.

Réalisation de la patte

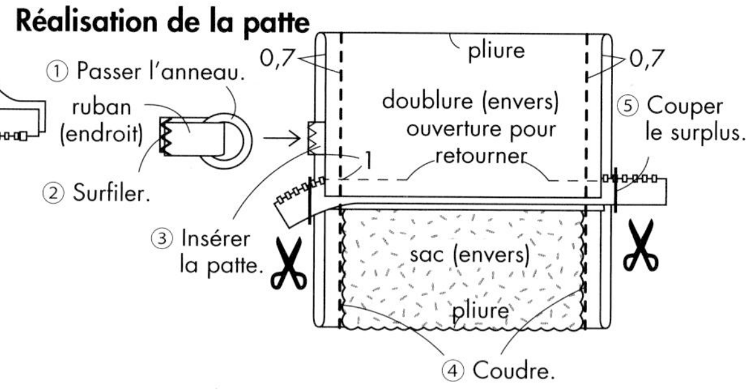

5. Coudre les soufflets.

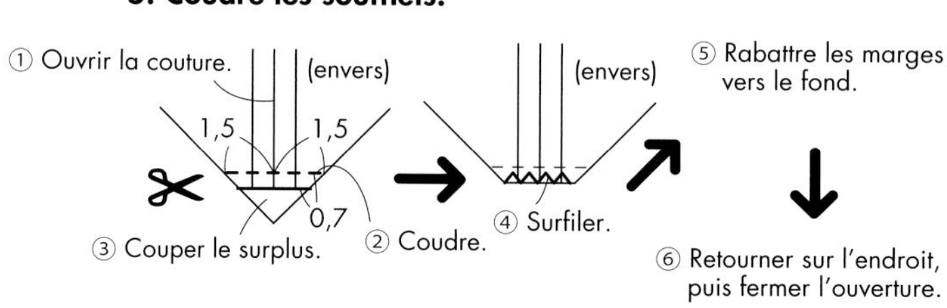

Sac terminé

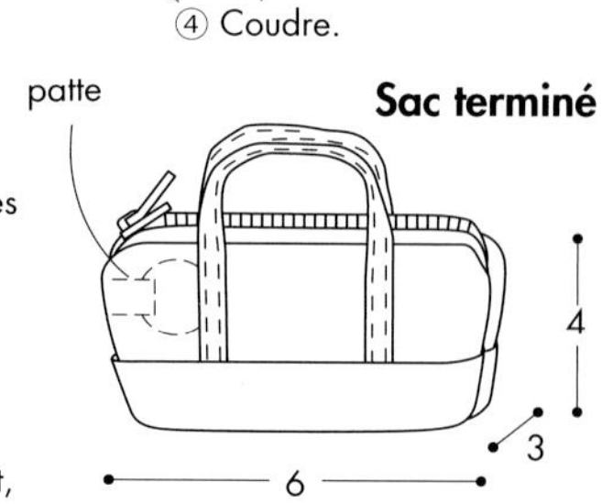

Pochons Photo : p. 51

Dimensions (largeur x hauteur)
12 x 16 cm (grand modèle)
6 x 8 cm (petit modèle)

Fournitures
Grand modèle
18 x 40 cm de Liberty
14 x 26 cm de coton à rayures
14 x 20 cm de coton à pois
Petit modèle
12 x 20 cm de Liberty
8 x 10 cm de coton à rayures
8 x 20 cm de coton à pois

Plans de coupe

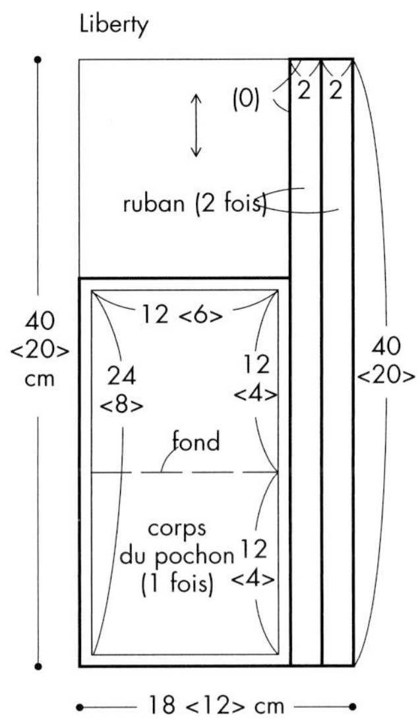

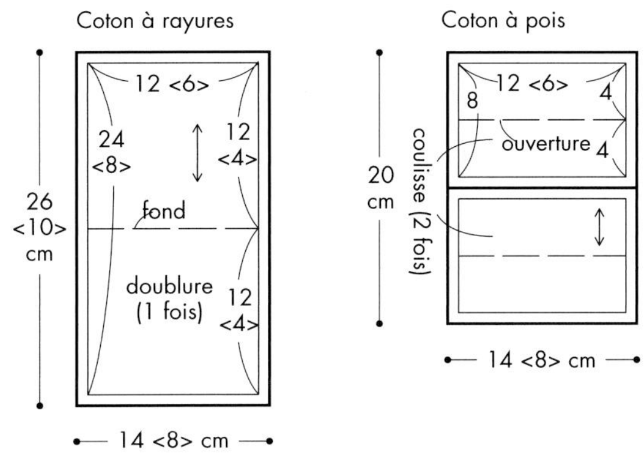

∗ Ajouter 1 cm de marge de couture, sauf indication contraire.
Les mesures entre parenthèses correspondent aux marges de couture.
∗ Les mesures entre < > correspondent à celles du petit modèle.
S'il n'y a qu'une seule mesure, elle est identique pour les 2 modèles.

Réalisation

1. Assembler le corps du pochon et la coulisse.

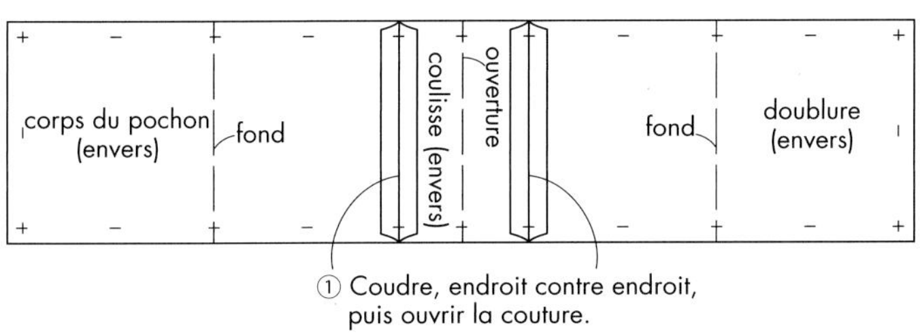

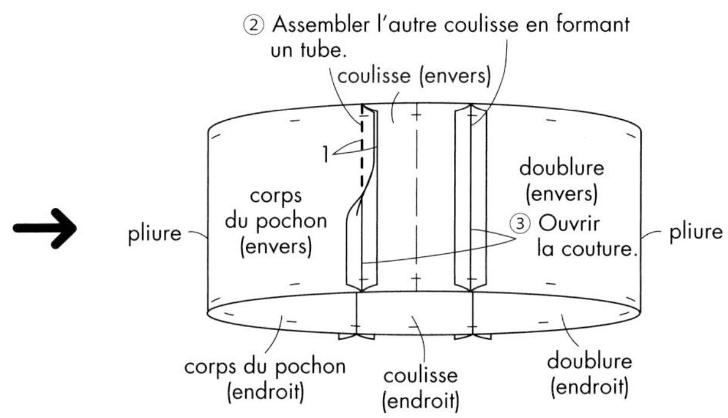

2. Coudre les côtés et réaliser les passages du ruban.

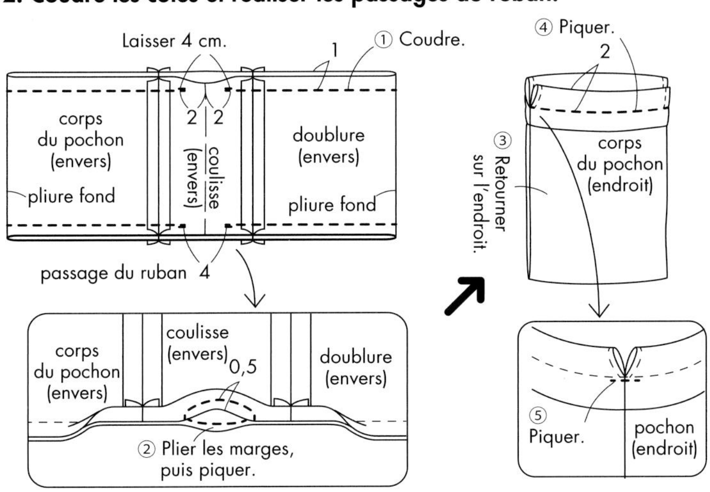

3. Réaliser les rubans.

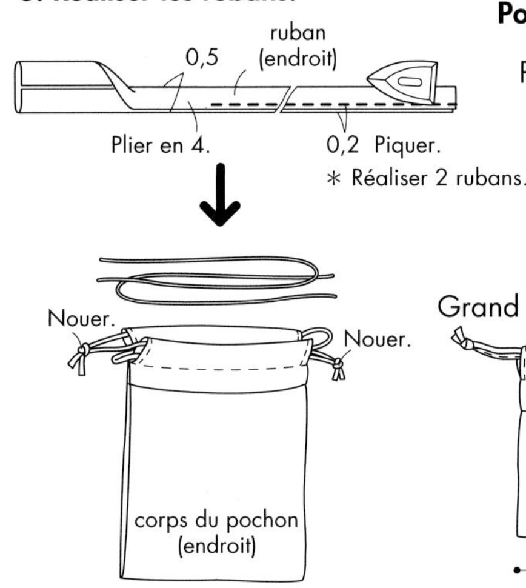

Pochons terminés

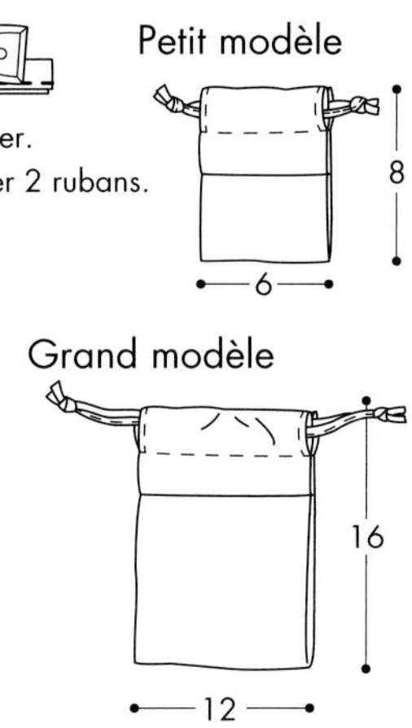

Housse pour crochets Photo : p. 52

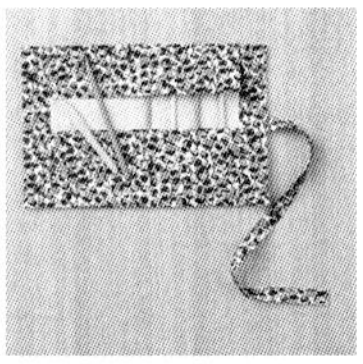

Dimensions
27 x 18 cm
(largeur x hauteur, sans ruban)

Fournitures
25 x 60 cm de lin crème
35 x 70 cm de Liberty
50 x 70 cm de toile thermocollante

Plans de coupe

Lin crème

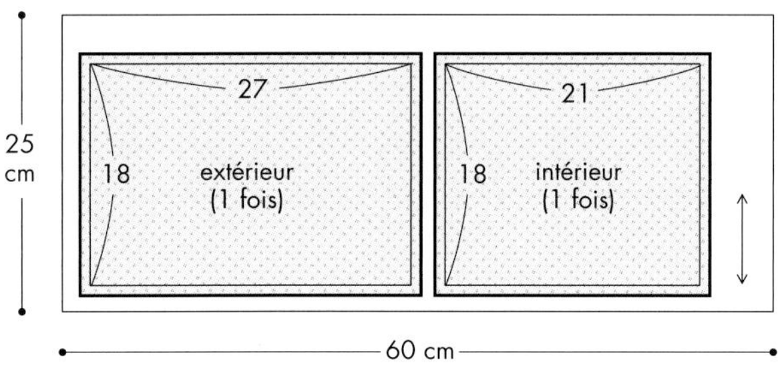

Liberty

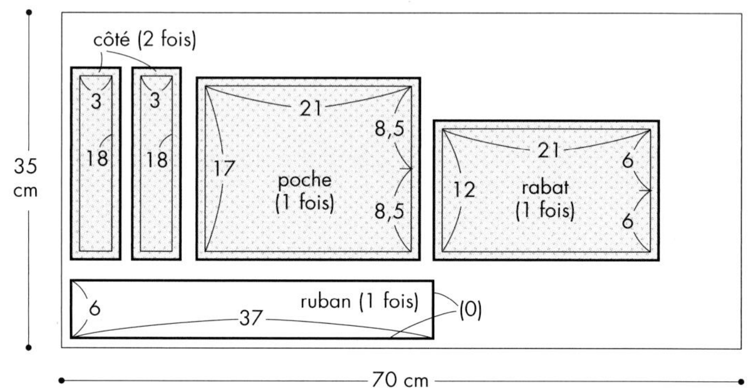

∗ Ajouter 1 cm de marge de couture, sauf indication contraire.
Les mesures entre parenthèses correspondent aux marges de couture.
∗ Thermocoller les parties indiquées en gris.

Réalisation

1. Réaliser le ruban.

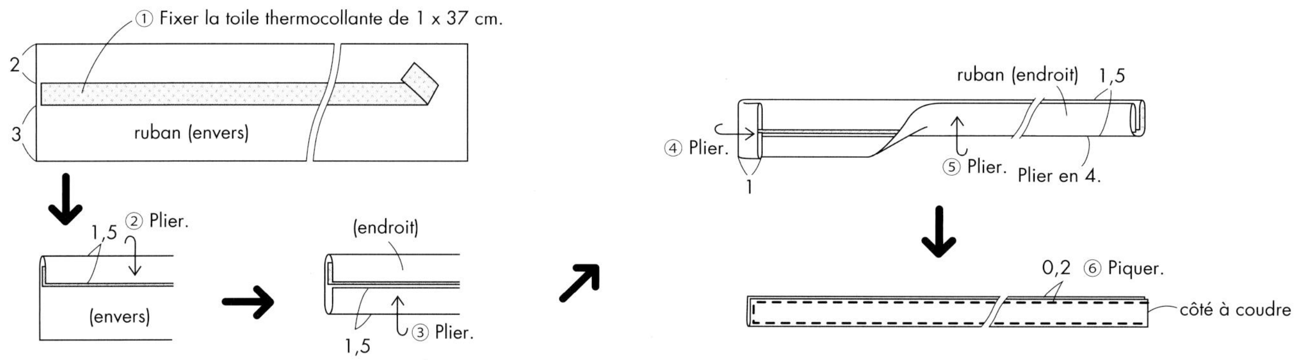

2. Coudre la poche.

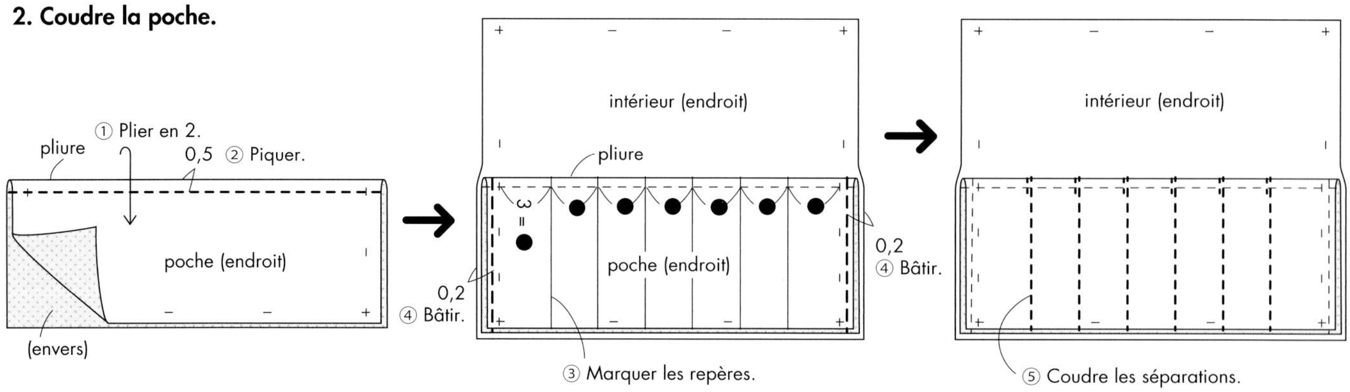

3. Coudre les côtés.

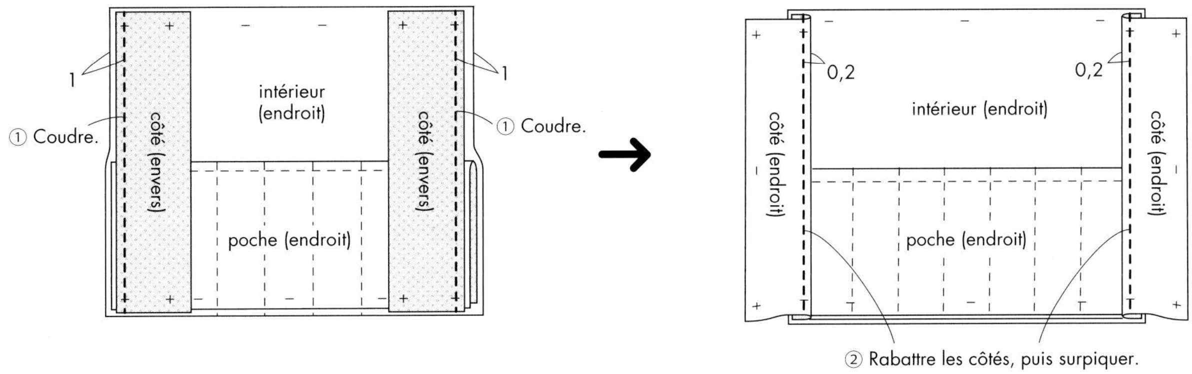

4. Coudre le rabat.

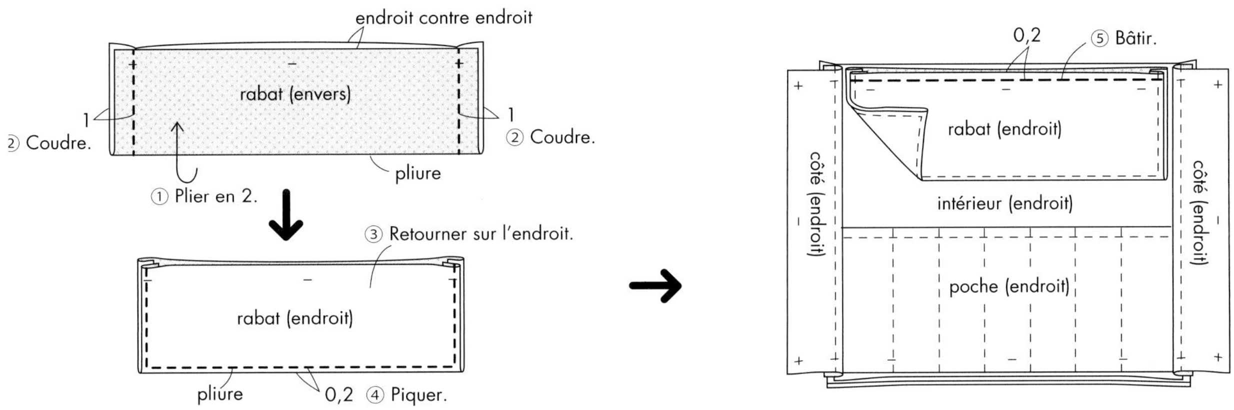

5. Assembler l'extérieur et l'intérieur.

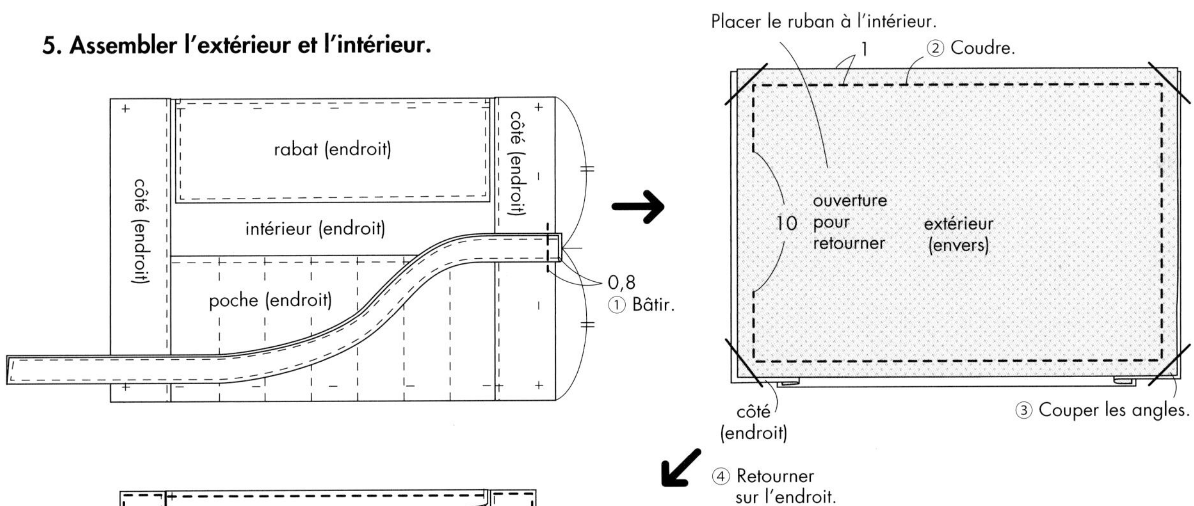

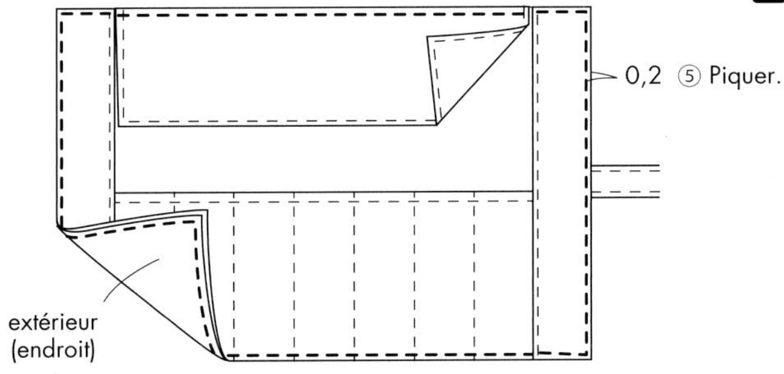

Housse terminée

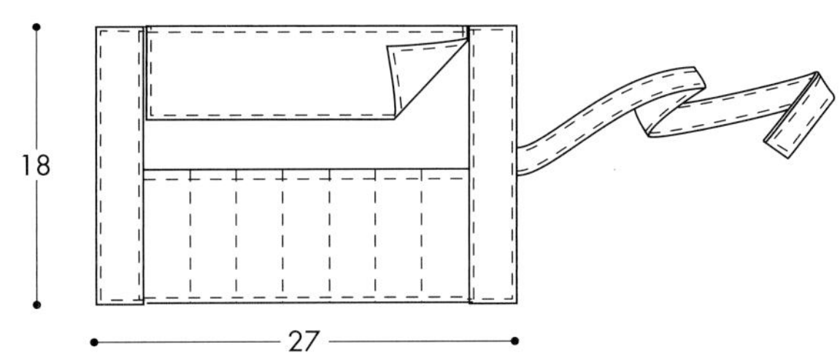

Trousse « pyramide » A Photo : p. 53

Dimensions
14 x 14 x 14 cm
(largeur x hauteur x profondeur, sans attache)

Fournitures
20 x 40 cm de coton à carreaux
20 x 30 cm de coton beige
20 x 30 cm de molleton thermocollant
1 fermeture à glissière métallique de 12 cm de long
1 mousqueton de 1 cm de large
1 anneau de ø 2 cm
20 cm de cordon ciré de ø 0,1 cm
1 perle de ø 1,2 cm
2 perles plates de ø 1 cm

Plans de coupe

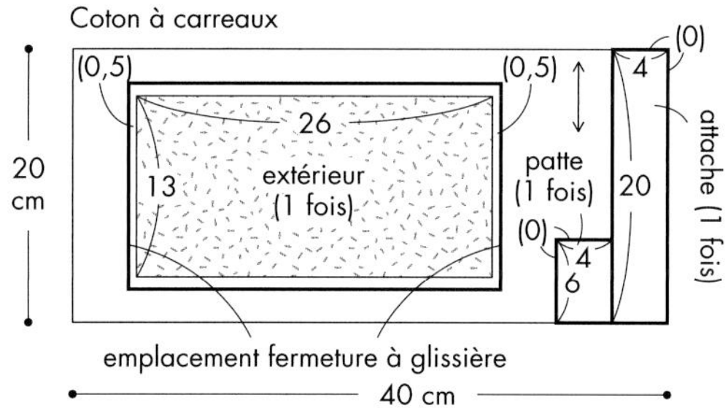

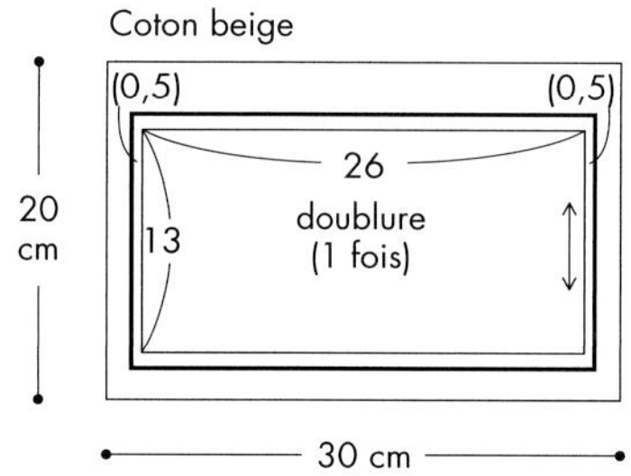

∗ Ajouter 1 cm de marge de couture, sauf indication contraire.
Les mesures entre parenthèses correspondent aux marges de couture.
∗ Thermocoller le molleton sur la partie indiquée en gris.

Réalisation

1. Réaliser l'attache et la patte.

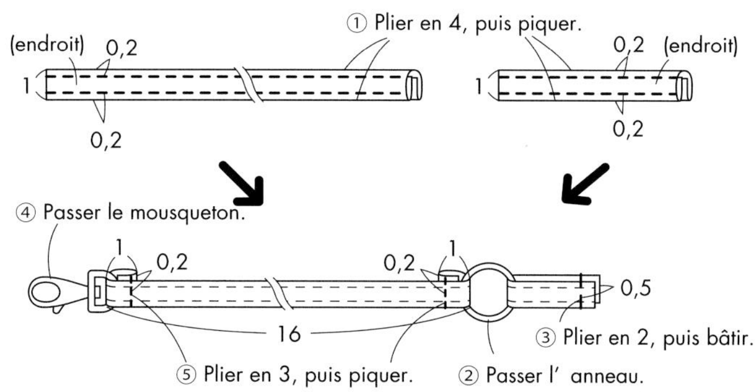

2. Coudre la fermeture à glissière.

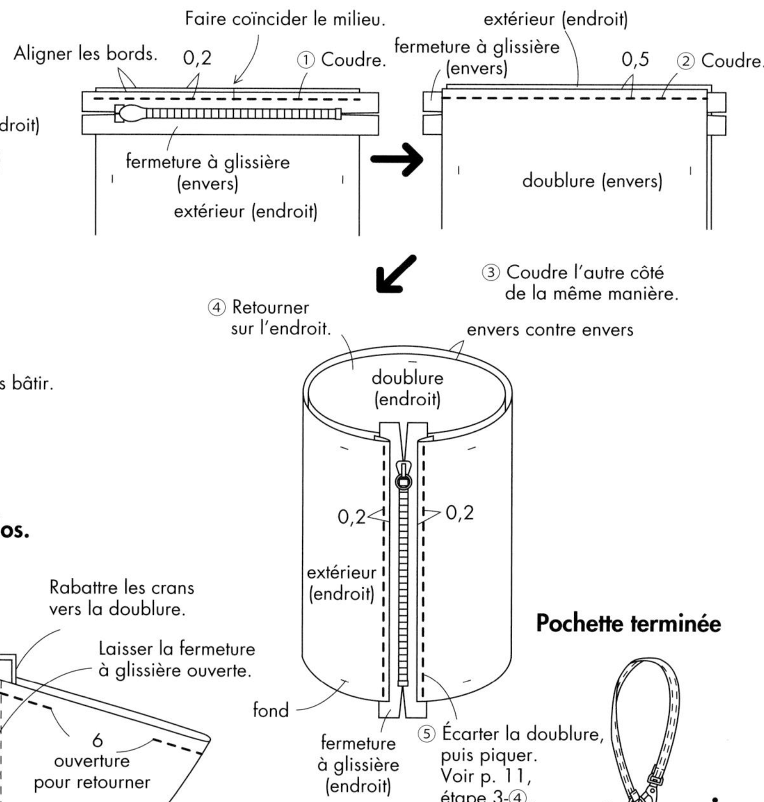

3. Coudre le fond.

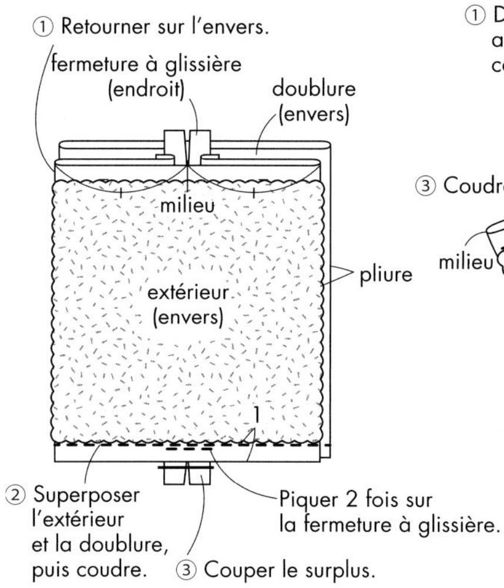

4. Coudre le dos.

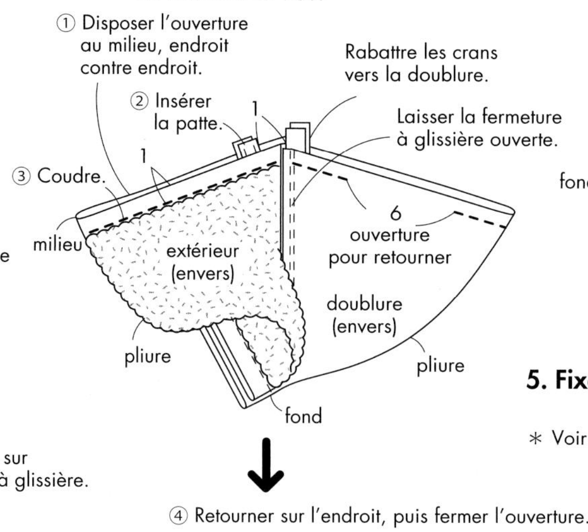

Pochette terminée

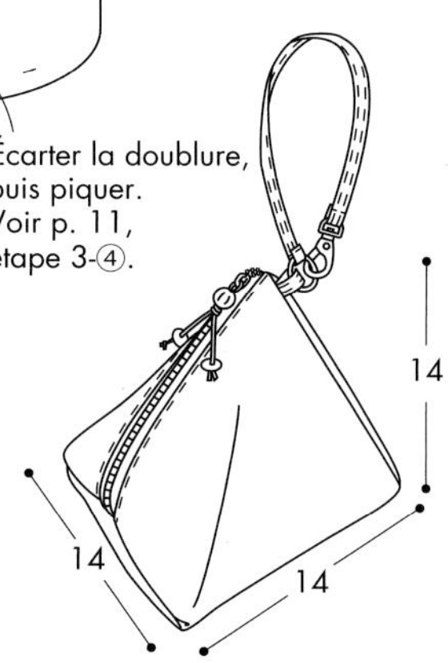

5. Fixer la pampille.

∗ Voir p. 93.

Trousse « pyramide » B Photo : p. 53

Dimensions
12,5 x 28 x 12,5 cm
(largeur x hauteur x profondeur,
sans attache)

Fournitures
35 x 40 cm de coton à fleurs
30 x 30 cm de feuille isotherme
30 x 30 cm de toile thermocollante
1 fermeture à glissière métallique de 27 cm de long
1 mousqueton de 1 cm de large
1 anneau de ø 2 cm
20 cm de cordon ciré de ø 0,1 cm
1 perle de ø 1,2 cm
2 perles plates de ø 1 cm

Plans de coupe

Coton à fleurs

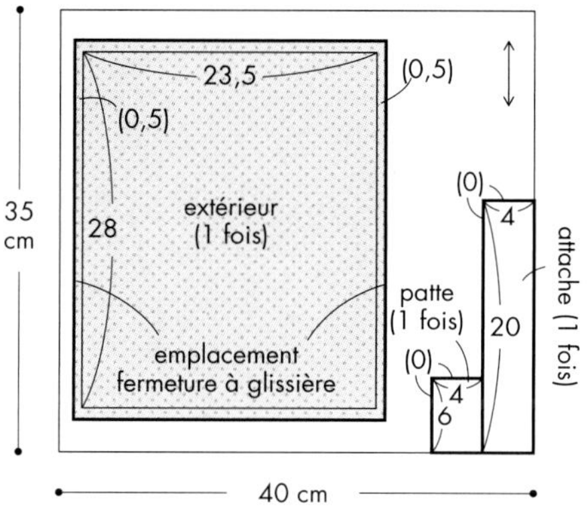

Feuille isotherme

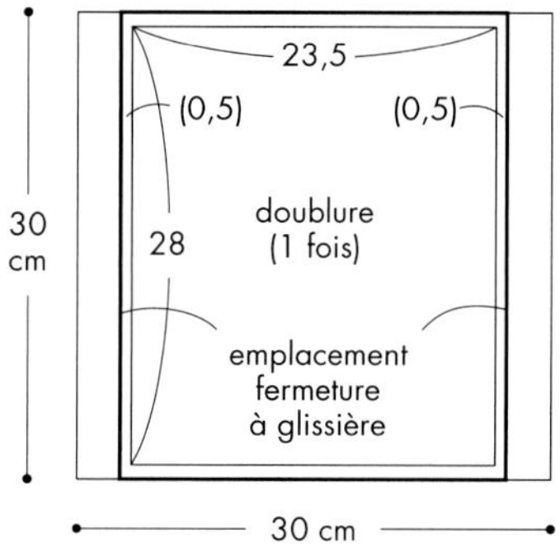

* Ajouter 1 cm de marge de couture, sauf indication contraire.
Les mesures entre parenthèses correspondent aux marges de couture.
* Thermocoller les parties indiquées en gris.

Réalisation

1. Réaliser l'attache.

* Voir . 92.

2. Coudre la fermeture à glissière.

* Voir p. 92.
* Coudre la fermeture à glissière sur les bords longs.

3. Bâtir l'attache.

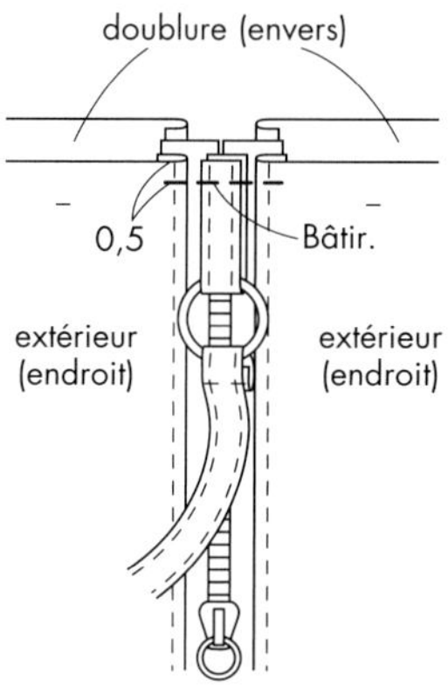

4. Coudre le haut de la pochette.

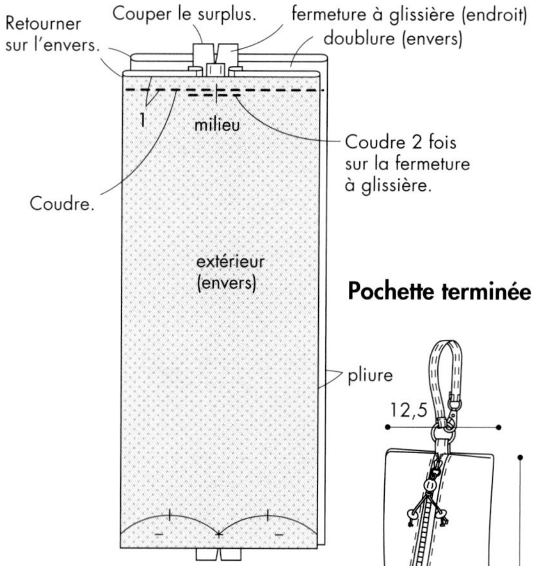

5. Coudre le fond.

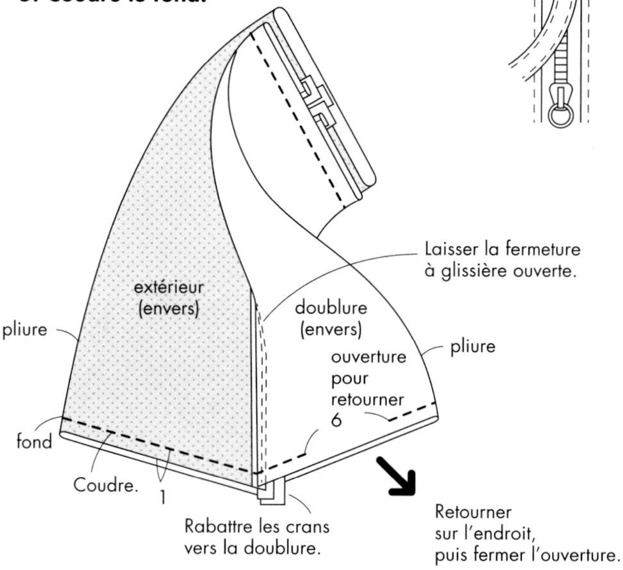

6. Fixer la pampille.

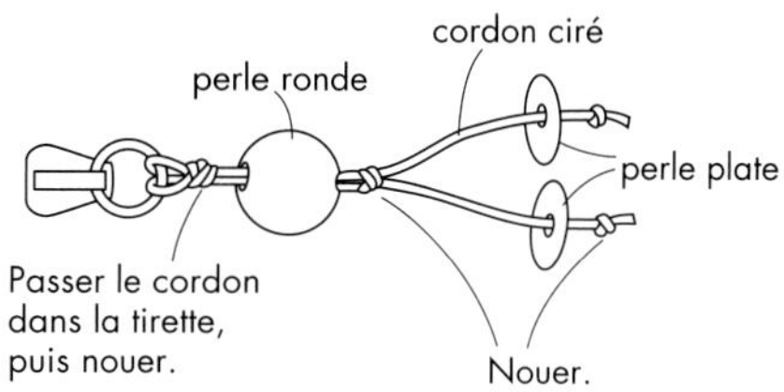

Pochette terminée

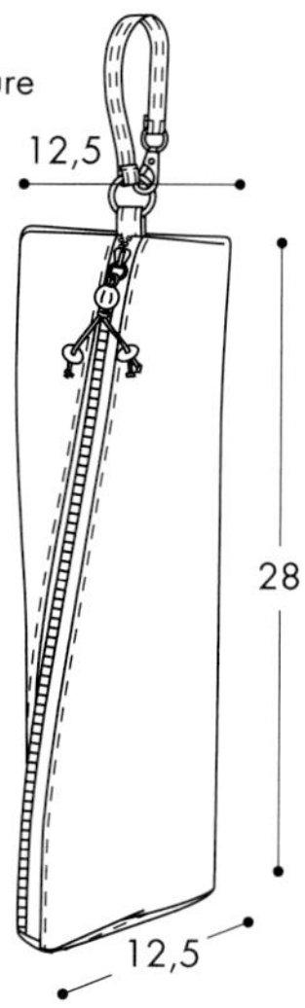

Trousse « hexagone » Photo : p. 54

Dimensions
12 x 12 x 12 cm
(largeur x hauteur x soufflet)

Fournitures
35 x 50 cm de Liberty
50 x 55 cm de coton beige
1 fermeture à glissière métallique de 20 cm de long
22 x 45 cm de toile thermocollante

Plans de coupe

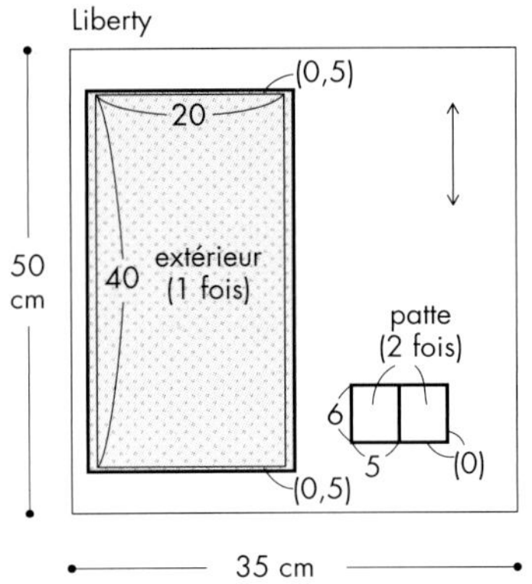

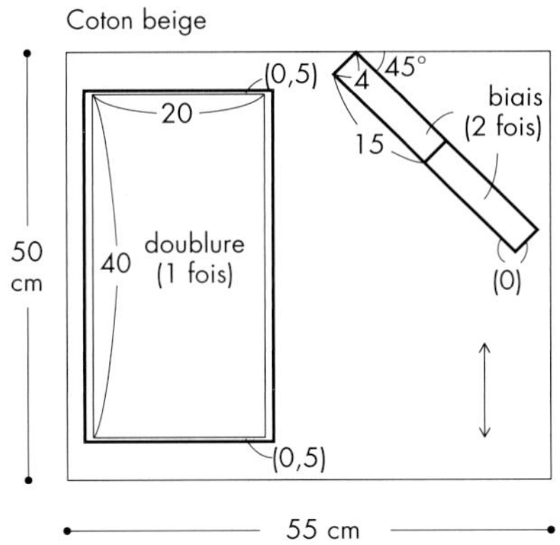

* Ajouter 1 cm de marge de couture, sauf indication contraire.
Les mesures entre parenthèses correspondent aux marges de couture.
* Thermocoller la partie indiquée en gris.

Réalisation

1. Coudre la fermeture à glissière.

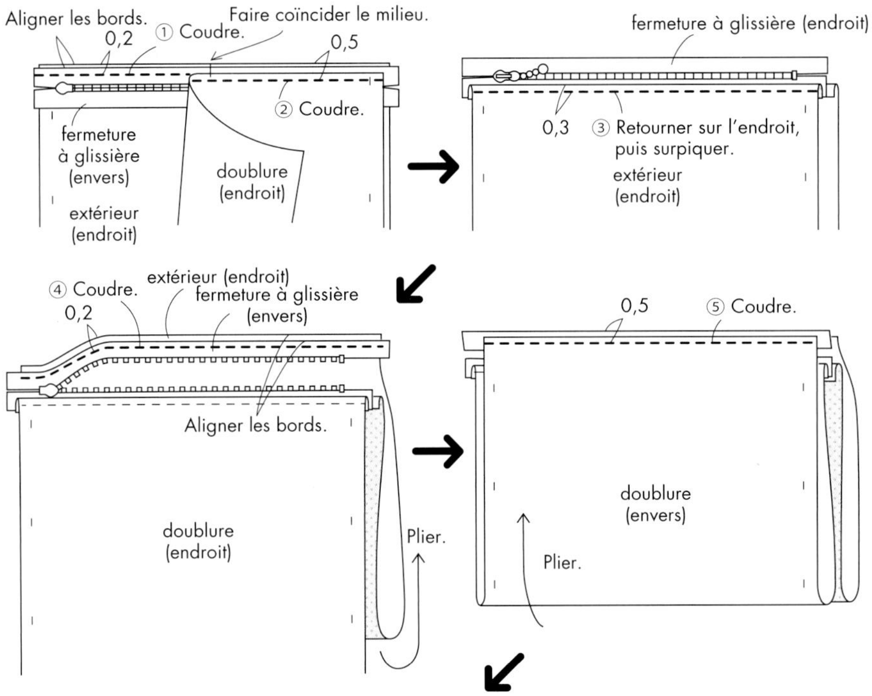

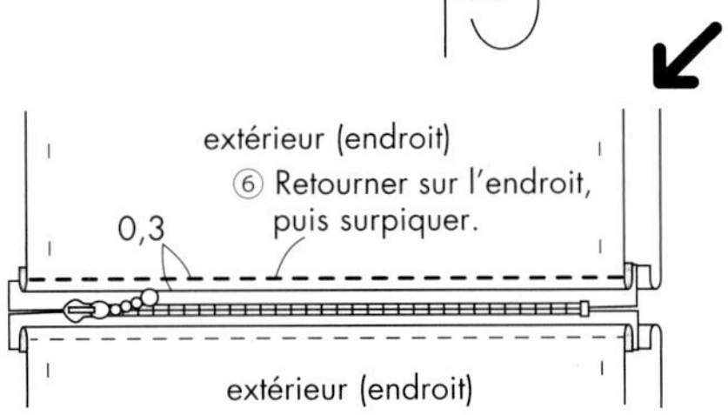

2. Coudre les pattes.

* Voir p. 61.

3. Plier et coudre les côtés.

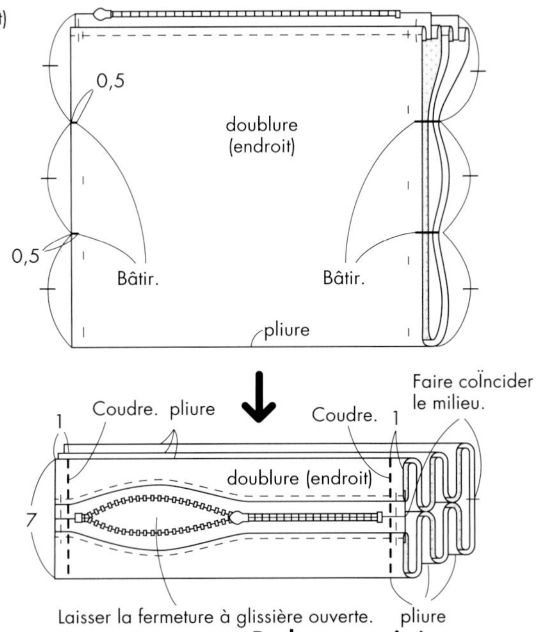

4. Border les marges avec le biais.

* Voir p. 61.

5. Retourner sur l'endroit.

Pochette terminée

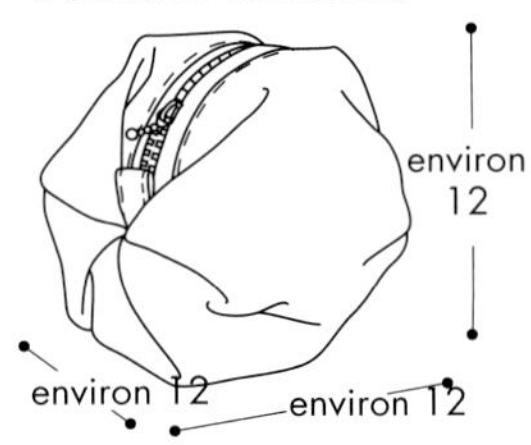

Pochons « chat » Photo : p. 55

Dimensions
19 x 9,8 x 4 cm
(largeur x hauteur x soufflet, ouvrage ouvert)

Gabarits en taille réelle dans l'encart face 2
K-1. corps du pochon, K-2. oreille

Fournitures (pour 1 modèle)
30 x 50 cm de coton à motifs calico
20 x 50 cm de coton blanc
2 cordons cirés blancs de ø 0,2 x 55 cm

Plans de coupe

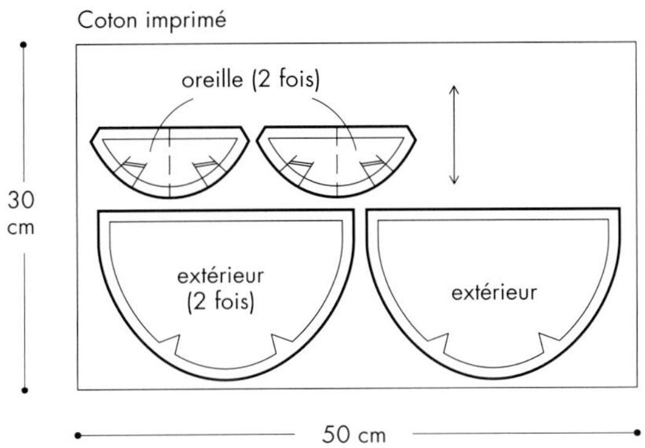

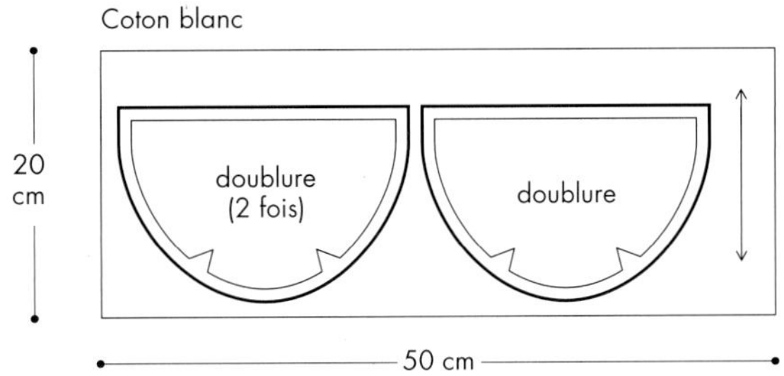

* Ajouter 1 cm de marge de couture.

Réalisation

1. Réaliser les oreilles.

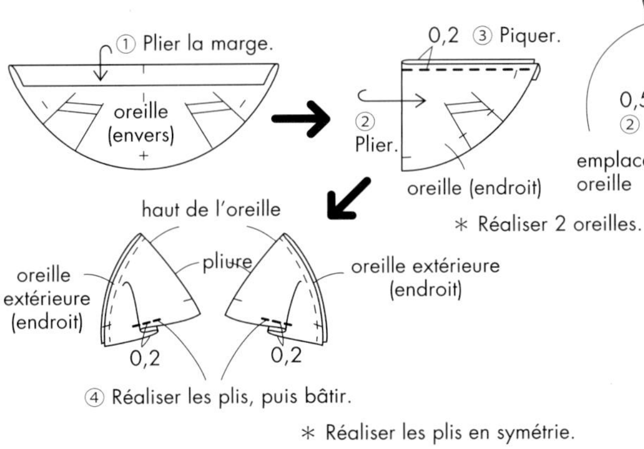

2. Coudre l'ouverture du pochon.

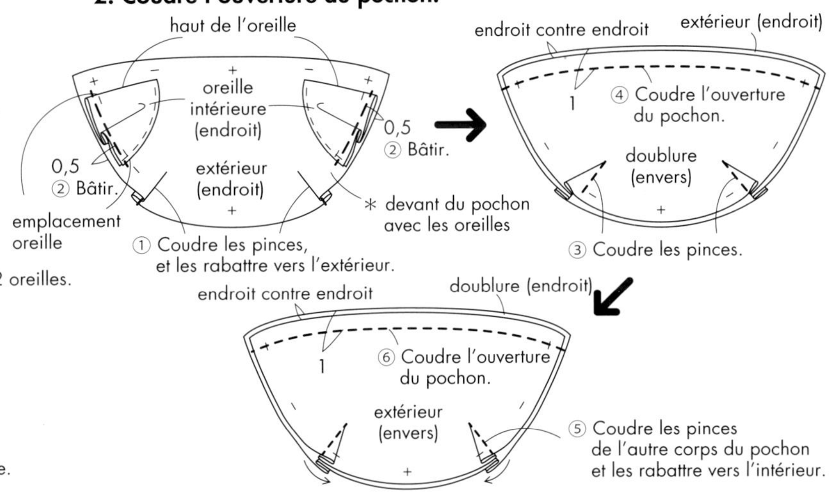

3. Coudre les côtés et le fond.

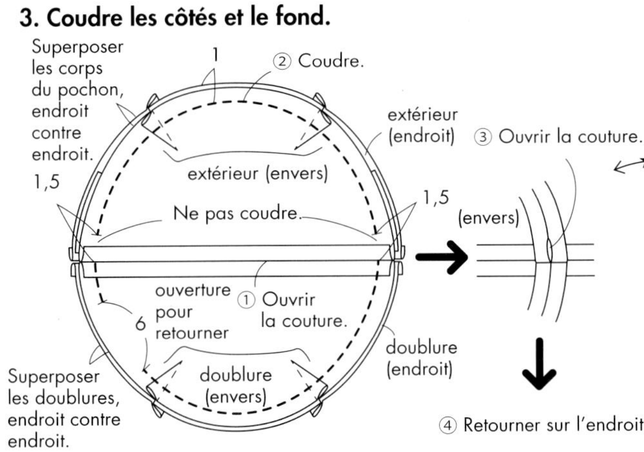

4. Insérer les cordons.

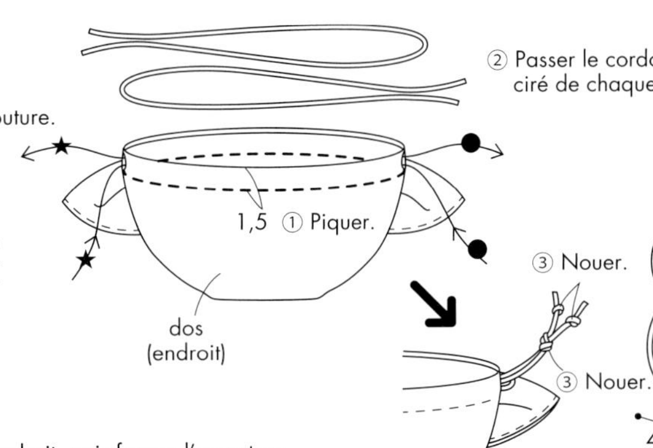

Pochon terminé

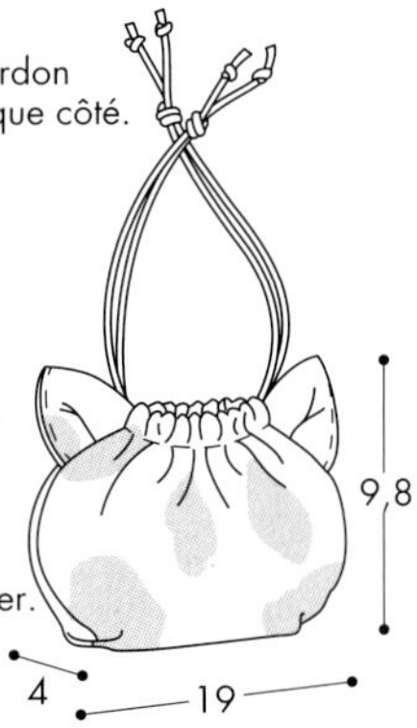

Création et réalisation

Fuku no katachi design (Keiko Okada)
http://blog.goo.ne.jp/flico

dekobo Kobo (Yoko Kubodera)
http://www.dekobo.com/

sewsew (Mari Shinguu)
https://blog.goo.ne.jp/sewsew1

komihinata (Mioko Sugino)
https://blog.goo.ne.jp/komihinata

mini-poche (Ari Yoneta)
http://minipoche.cocolog-nifty.com/

Fournisseurs
Clover
http://www.clover.co.jp/
Nippon Chuko Boeki
https://www.nippon-chuko.co.jp/
NESSHOME
https://www.rakuten.co.jp/nesshome/
FIQ
https://www.fiq-online.com/
fabric bird
https://www.fabricbird.com/
Merci
https://www.merci-fabric.co.jp/
INAZUMA
http://www.inazuma.biz/
Matsuo Nassen
https://www.rakuten.co.jp/nassen/

Collaboration photographique
UTUWA

Équipe
Photographie : Yukari Shirai (ouvrages), Noriaki Moriya (pas à pas)
Mise en page : Yukiko Abe
Stylisme : Makiko Tanaka
Explications, gabarits : Shikano room
Collaboration à la rédaction : Yoshiko Morita
Rédaction : Miyuki Kato

les éditions de saxe
3 chemin du Torey
69340 Francheville
www.edisaxe.com

Traduction : Mari Kobatake-Ginet

Tanoshiku Manaberu! Pouch no Kyoushitsu (NV70502)

Publié pour la première fois au Japon par NIHON VOGUE Corp., Tokyo
Traduction française en accord avec NIHON VOGUE Corp.

POCHETTES & ACCESSOIRES EN COUTURE FACILE
JALI265 - ISBN : 978-2-7565-3392-6
Impression R.P.C.
Dépôt légal : à parution